跨境电子商务
案例分析

陈 明　李冠艺　编　著

南京大学出版社

图书在版编目(CIP)数据

跨境电子商务案例分析 / 陈明,李冠艺编著. —南京：南京大学出版社，2019.8(2021.1重印)

ISBN 978-7-305-22496-6

Ⅰ. ①跨… Ⅱ. ①陈… ②李… Ⅲ. ①电子商务－案例－高等学校－教材 Ⅳ. ①F713.36

中国版本图书馆 CIP 数据核字(2019)第 149861 号

出版发行	南京大学出版社
社　　址	南京市汉口路 22 号　　邮编　210093
出 版 人	金鑫荣

书　　名	跨境电子商务案例分析
编　　著	陈　明　李冠艺
责任编辑	卜磊磊　王日俊
照　　排	南京理工大学资产经营有限公司
印　　刷	广东虎彩云印刷有限公司
开　　本	787×960　1/16　印张 9.75　字数 186 千
版　　次	2019 年 8 月第 1 版　2021 年 1 月第 3 次印刷
	ISBN 978-7-305-22496-6
定　　价	32.00 元

网　　址：	http://www.njupco.com
官方微博：	http://weibo.com/njupco
微信服务号：	njuyuexue
销售咨询热线：	(025)83594756

＊版权所有，侵权必究

＊凡购买南大版图书，如有印装质量问题，请与所购图书销售部门联系调换

本书为江苏省高等教育教改立项研究重点课题"产教融合下电子商务人才培养模式创新——基于大数据平台、动态自适应教材和产教融合教学的一体化创新（项目号2017JSJG455）"的研究成果。

本书为江苏高校现代服务业协同创新中心专项课题"基于大数据模式的电子商务教材创新研究（项目号NCXTCX1807）"的研究成果。

书　　名：跨境电子商务案例分析

编　　著：陈　明　李冠艺

出　版　社：南京大学出版社

本书教学资源可扫描下面二维码

跨境案例手机端

跨境案例 PC 端

前　言

随着"互联网+"时代来临,我国社会对跨境电商的重视度不断提高,跨境电商将成为我国对外贸易的新方式。国家统计局数据显示,2020年全球跨境电商市场规模将突破12万亿元,增长速率近30%;跨境电商占进出口总额比重也将进一步提高,有望突破40%。国务院和相关部委出台多项政策,改革创新对外贸易的监管方式,鼓励跨境电商发展。政府监管方式的创新探索与企业转型和商业模式创新交相辉映,构成了中国对外贸易发展的新图景。跨境电商作为一种新的经济形态,全球范围配置资源,大量中小企业加入跨境电商生态圈,使得"买全球"和"卖全球"成为现实,未来还会有广阔的发展空间。

由于跨境电商行业的高速发展和市场上对跨境电商人才的巨大需求,相关院校和企业培训机构迫切需要一套知识体系完整、案例解析与深度分析相结合的教材,为此,我们联合企业的相关专业人士一起编写了这本书。本书的特点如下:

(1) 理论与实践相结合,采用"案例分析+问题解答"的模式来组织内容。

本书采用"案例分析+问题解答"的教学方法,有利于培养学生对本课程的学习兴趣。本书在编写过程中特别注重跨境电商理论与跨境电商实践的结合,每一个项目都有案例分析和思考训练题,可以有效帮助教师提升教学效果。

（2）不仅针对常规商业模式的跨境企业案例内容进行了详细介绍，而且还涵盖了对前沿的跨境电商案例进行分析。

本书不仅反映了跨境网络零售的发展状况，还反映了外贸 B2B 领域电子商务的发展状况。跨境网络零售是国际贸易的补充，跨境电商的发展具有不可估量的潜力，其发展格局已经初露端倪。我们在编写本书时已经考虑了这些新的发展趋势。

（3）以创新过程为主线，体现问题导向、任务驱动、突出思维训练的教学设计。

本书在调研跨境电商在不同行业分布和不同商业模式的基础上，依据跨境电商案例课程的标准，摒弃了以知识体系为线索的传统编写模式，取而代之的是以"功能＋模式"的主线，采用了问题导向、任务驱动、引导读者思考的编写模式。该模式以真实案例为载体，融"教、学、做、思、创"为一体，强调对跨境电商思维能力的训练，紧紧围绕跨境电商的发展与场景需求来选取案例进行分析。

（4）融入了大量来自企业的第一手素材和教学案例。

本书在编写过程中充分发挥了高校老师和企业人员各自的优势。高校教师教学经验丰富，主要负责编写案例中涉及的理论内容；企业专业人员实践经验丰富，主要负责编写案例，本书所选案例都是来自真实案例。

本书在编写过程中还得到了南京财经大学的潘疆微、胡孙雯、姜子悦、吴盈滢、张翔宇、温宇、蒋新蕊等同学的帮助和支持。在本书付梓之际，向他们致以诚挚的谢意。感谢南京大学出版社的大力支持。

跨境电子商务方兴未艾，未来的道路还很漫长，行业相关趋势走向也在发展变化中，这需要研究者和从业者持续关注研究。由于编者的水平有限，书中难免存在疏漏与不当之处，望各位专家批评。

目 录

案例1：Lazada：先天基因就是"跨境" ……… 1

案例2：Wish：打造技术驱动的轻电商平台
……………………………………… 14

案例3：阿里、京东、网易、亚马逊等巨头的
新战场 ……………………… 23

案例4：阿里巴巴的印度攻略：13亿人口
新市场能否复制中国互联网 ……… 31

案例5：敦煌网——跨境电商下半场是数字贸易
……………………………………… 39

案例6：国货成精："老干妈"是如何变成
玛丽莲·梦露的？ ……………… 47

案例7："环球易购"：多举措对供应链
全方位升级 ………………… 56

案例8：环球资源上的品牌转型实录 ……… 64

案例9："价之链"：跨境市场需求驱动下的
价值连接 …………………… 82

案例10:京东全球购升格为"海囤全球"
遍设海外直采中心 ················ 92

案例11:跨境电商中的科技品牌"黑马"
——"安克创新" ················ 100

案例12:"速卖通":跨境电商正与中国品牌
共同成长 ················ 109

案例13:天猫国际引领的跨境进口电商潮
················ 118

案例14:"小红书":打造从玩到买的消费闭环
················ 129

案例15:中国跨境电商领域的 ZARA
——SHEIN ················ 140

案例1:Lazada:先天基因就是"跨境"

Lazada于2012年3月推出,是东南亚首屈一指的一家网上购物平台,在印度尼西亚、马来西亚、菲律宾、新加坡、泰国以及越南设有分支机构。Lazada同时在中国香港、韩国、英国以及俄罗斯设有办事处。在Lazada上,卖家可以通过一个零售渠道接触到6个国家中约5.5亿的顾客。

想要知道Lazada的来龙去脉,得先从它的孵化母体说起。

话说德国有个知名互联网创业孵化器Rocket Internet(火箭网),老板桑威尔兄弟三人是德国大名鼎鼎的"山寨之王"。他们从2007年开始至今已孵化了100多家互联网公司,都是世界知名互联网公司的"山寨版",做大之后卖回给原创者或其他人,套现离场。这是典型的资本驱动战略。

在火箭网内部,员工大部分都是从麦肯锡、BCG等国际顾问公司出身的专业经理人,再被指派到各国成立公司。Lazada的CEO麦斯米兰·毕特纳(Maximilian Bittner)和旗下各国分公司的CEO也不例外。

毕特纳1997年进入伦敦大学政治经济学院就读。2001年毕业后,他成为投行摩根大通的分析师,工作三年后又进入美国西北大学商学院攻读MBA。之后,他就职于麦肯锡等名企,并于2012年进入火箭网。

进入火箭网后,毕特纳将目光投向了东南亚。他发现,当时的东南亚并没有独占市场鳌头的电商企业,亚马逊和阿里巴巴两大巨头也并未在当地建立团队。原因显而易见:东南亚地处印度洋和太平洋之间,人口总数虽达到五六亿,但大部分国家都临海或是岛国,在印度尼西亚和菲律宾群岛甚至有上千个岛屿,文化、语言、人口和GDP都有极大差异,再加上互联网在这个地区方兴未艾,因此,亚马逊、eBay、阿里巴巴等国际巨头都未曾进入这个市场。

综合种种情况分析,毕特纳得出结论:接下来五年,东南亚的中产阶级会快速成长,会变得富有,正在往消费经济的方向移动,很像中国在2008年、2009年的状况,每月都新增几百万网民,如果做电商,机会非常大。当然,挑战也非常大。

一、有样学样,跟着淘宝搞"双十一"

2012年3月,Lazada正式成立。不像其他电商先立足单一市场,再规模化扩张,Lazada正好相反,背靠雄厚投资,他们第一年就同时进入马来西亚、泰国、越南、菲律宾、印尼市场,快速布局抢下市场主导地位。2014年,Lazada进入新加坡。

Lazada的创始人之一 Aimone Ripadi Meana 提到,Lazada能够在东南亚立足最重要的原因是接地气。他评价,跟阿里巴巴的"速卖通"相比,后者的客服都使用英文,支付方式是电子钱包和信用卡,物流也只是邮政的配送网络。

为了引爆市场,Lazada更是有样学样,在2012年末也发起了"双十一""双十二"的活动,并邀请谷歌、Facebook、Uber等当地知名的互联网平台,通过打折和造势的方式,让用户参与其中。

2015年"双十一"期间,Lazada在整个东南亚的订单比2014年增长了3倍,活动第一天吸引了超过1 300万人访问网站,跨境卖家销量获得了4倍增长,订单数量达到12.8万单,是2014年"双十一"的35倍。

二、中国货下南洋，中国卖家入驻

东南亚位于亚洲东南部，包括中南半岛和马来群岛两大部分。明朝时，郑和下西洋为大明王朝与西洋各国的友好往来打开了海上通道。如今，电子商务继续架起双方贸易往来之桥。目前，东南亚的中产阶级人口为1.5亿，到2020年时将达到4亿人。这些中产阶级就是以数字技术为驱动的年轻买家，他们是Lazada的合作伙伴、客户，他们也在寻求着从中国带来的商品和中国的客户。

2015年2月，Lazada开始在中国招商，截至2016年底，已经有6 000个中国卖家入驻，主要来自深圳、广州、上海、义乌，还有一小部分来自北京，主要卖价格比较低的时装、电子产品及其配套产品、手表、居家产品、花园装饰以及体育户外、照相机等，价位多在200美元上下。"还有各种设计的鱼竿、浮标、游泳装备，这些产品以前在东南亚不好找，但在中国却轻而易举能够拿到货"，Aimone Ripadi Meana说。中国的产品品类非常丰富，在东南亚市场可以弥补空白，让消费者得到更多的惊喜。

来自深圳的Blue Lans是Lazada的跨境卖家。买家下单后，他就可以将商品寄到Lazada设在深圳的转运中心，接下来的捡货、包装、发票、支付、配送、货到付款，甚至客服，都由Lazada一手包办，卖家可在后台自行管理价格、存货、订单及促销。

Blue Lans介绍，东南亚有不同的语言、习惯、种族，但他的产品上线Lazada之后，Lazada香港运营中心的团队会把信息翻译成多国语言，上传到不同的站点，也会针对标题、关键词、图片进行充分优化。在物流方面，以前在印尼、菲律宾的进关速度很慢，丢包率也很高，但现在交给Lazada的分发中心，效率可以提高很多。"深圳是转运中心，香港是运营中心。"Aimone Ripadi Meana说，通过这种转运，在东南亚电商平台购物的物流配送体验，就跟深圳到广州一样的感受。

Lazada如今的成功可以更多归结为时机。"对比印度和中国，东南亚的人均收入水平和互联网普及程度都没有达到相应的水平，但我们提早进入就是为了等待这一天的来临"，Aimone Ripadi Meana 说。

三、不拘一格的虚心学习者

相比亚马逊、阿里巴巴这些前辈，Lazada可以说是地地道道的后来者，它曾被人称为"东南亚的亚马逊"，也曾被人称为"东南亚的京东"。这是因为Lazada从自营模式和销售3C产品起家，并逐步扩充品类，涉足第三方开放平台业务，还自建物流和支付体系，似乎把先行者们做过的事都做了一遍。

对此，Lazada CSO Ekbom 表示，"相比 Amazon、阿里巴巴这些电商巨头，Lazada有一个后发优势，那就是可以学习和借鉴他们，并看到他们的问题，少走了很多弯路。对于中国电商，Lazada也同样抱着博采众长的态度，吸取天猫的B2C平台模式，学习京东的物流和基础设施建设等"。

Lazada虽然是一个后来的学习者，但并没有拘泥于某一种形式，而是尽可能地从先行者身上吸取大量的灵感，主要是以下四方面：跨境、物流、支付解决方案、移动化。

首先，针对东南亚的物流体系非常落后的情况，Lazada推出了自己的物流解决方案——LEX(Lazadaexpress)。目前，Lazada已与100多家第三方物流服务商建立合作，建成61个"最后一英里"分拨中心，并建立了自己的物流配送团队，总共拥有10座物流中心、80多个配送中心以及超过2 000辆车的"最后一英里"配送车队，超过60%的订单可实现次日达。

其次，针对东南亚超过70%的用户没有银行账户的情况，Lazada推出一系列支付解决方案，比如，自建电子钱包helloPay、提供货到付款（现金）或者到附近便利店付款等服务。此外，Lazada还曾与支付平台Payoneer达成了战略合作，成功实现了为海外商家提供跨境支付的解决方案。

再次，东南亚井喷的互联网用户都是基于移动端的，Lazada 发展重心放在移动端。与绝大多数欠发达地区相似，东南亚也呈现出跨 PC 发展直接进入移动互联网的趋势，因此从一开始 Lazada 就把重心放到了移动端，现在其移动端交易也已经超过了 60%。此外，Lazada 还上线了一款供卖家使用的移动 App，可以实时查看订单量、订单状态、运送情况等。

最后是东南亚国家由于文化地域等因素影响，天然就是碎片化的。基于此，Lazada 主要采用自营加开放平台相结合的模式，不管是供应商还是在开放平台开店的卖家，只需要使用同一个零售解决方案就可以把商品卖到这六个东南亚国家。

四、东南亚市场的跨境机遇，是否能复制中国电商模式？

Lazada 首席策略官 Magnus Ekbom 这样介绍东南亚的优势：国内消费者激增；消费者在主要城市之外很难买到想要的商品；互联网普及率快速提高；送货和物流基础设施的快速发展；大量资本进入到电子商务领域。"这不就是七八年前的中国吗？"他还引用数据称，2015 年，中国电子商务营销额增长了 317%，而印尼是 578%。也正是持有这般的预期，所以阿里出手了。

虽然东南亚地区物流基础设施薄弱，可靠的服务商少，但这个地区拥有十分庞大的人口，电子商务发展无疑拥有非常大的潜力。根据全球企业增长咨询公司 Frost & Sullivan 预测，东南亚电商年增长率将会达到 37.6%，互联网销售额将从 2013 年的 7 亿美元增至 2018 年的 34.5 亿美元。而东南亚整体电子商务市场预计到 2020 年也将达 1 250 亿美元。

东南亚电商市场潜力巨大，东南亚市场也已成互联网巨头拓展海外市场的重要战略据点。这个市场目前的电子商务并不发达，相关数据显示，目前线上购物交易额仅占东南亚零售营业额的 1%。尽管 Lazada 已经是东南亚电商市场当之无愧的老大，但其年度交易额也仅仅为 13 亿美元（约 84 亿元人民币），对比阿里去年超过 3 万亿元人民币，东南亚市场的潜力显然还没有被彻底激发出来。

  这对中国商家来说是一个巨大的机遇,而 Lazada 也可以算作是一个进行跨境电商很好的跳板。而在跨境业务方面,Lazada 将中国视为要害之地,要知道很多东南亚商品来源地都是中国。Lazada 跨境业务 CEO Aimone 早前表示,"Lazada 在中国的接受度比想象中高很多"。自进入中国以来,已有近 5 000 个中国商家入驻 Lazada,且卖家数量呈现高速增长态势。

  2016 年,阿里巴巴宣布 10 亿美元投资 Lazada,一年后追加第二次投资,基本完成对这家 2012 年创立于新加坡,后来扩展到东南亚六国的东南亚第一电商平台的收购。2017 年 9 月,阿里启动 Voyager 项目,阿里的"军令状"写得很清楚:6 个月内将淘宝系统无条件复制到 Lazada。2018 年 3 月中旬,阿里巴巴再次投资 20 亿美元,取得 Lazada 83% 以上的控股权。

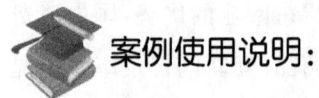 **案例使用说明:**

Lazada:先天基因就是"跨境"

一、启发思考题

1. 如何理解互联网企业"走出去"的新型资本驱动战略?
2. 中国与东南亚跨境电商合作面临的挑战有哪些?
3. 海外电商借鉴中国互联网经验,有哪些启发与值得思考之处?

二、分析思路

1. 如何理解互联网企业"走出去"的新型资本驱动战略?

  该题帮助学员理解:互联网企业"走出去"的新型资本驱动战略。所谓新型资本驱动战略,意指在互联网时代和知识经济背景下,中国互联网企业在传统资本体系外寻求新型资本体系,并对这些新型资本进行优化配置和有效运营,以提升企业竞争力,推动中国互联网企业"走出去"的战略。

2. 中国与东南亚跨境电商合作面临的挑战有哪些?

该题帮助学员理解:中国与东南亚跨境电商合作面临的挑战。东南亚作为"一带一路"倡议重要的经济区,推进中国与东南亚跨境电商合作,有利于优化双边投资与行业结构,实现互利共赢。

3. 海外电商借鉴中国互联网经验,有哪些启发与思考之处?

该题帮助学员理解:海外电商借鉴中国互联网经验,有哪些启发与思考之处?

三、理论依据和分析

1. 如何理解互联网企业"走出去"的新型资本驱动战略?

所谓资本驱动战略意指对企业资产进行聚集、组合和优化配置和有效运营,以最大限度获取资本红利,实现资本增值,提升企业竞争实力的发展战略。在互联网时代,互联网技术和知识经济改变了国际、业际、人际交往形态和知识的生产传播形态,社会资本、知识资本、技术资本和人才资本等"新型资本体系"成为驱动互联网企业走出去的重要动力。在新一轮互联网企业"走出去"过程中,通过实施新型资本驱动战略,强化科技同经济对接、知识生产同产业对接、科研项目同现实生产力对接、研发人员创新劳动同其利益收入对接,以全面提升企业的竞争能力和水平。

(1) 社会资本驱动

"社会资本可被定义为嵌入于一种社会结构中的、可以通过目的性行动(Purposive Action)摄取或动员的资源",包括信任、规范和社会网络,以及人们交往时共享的知识、规范和预期。

社会资本驱动战略包括:中国互联网企业与目的国举办会展活动等,推动产品"走出去";互联网企业与海外互联网企业共同投资创建合资的互联网实体,实现企业实体"走出去";进行资本输出,收购海外互联网公司;利用互联网技术,建立海外平台;与国际知名品牌建立战略合作伙伴关系,提升企业的品牌知名度;直接在海外设立分销或零售中心,等等。

(2) 技术资本驱动

科学技术革命提高了人类的生产力,降低了生产成本,极大地推动了产业创新进程,加速了人类文化交流的步伐。数字技术开启了一次重大的时代转型,正在改变我们的生活以及理解世界的方式,成为新发明和新服务的源泉,而更多的改变正蓄势待发。

技术资本驱动产业结构升级。在互联网时代,数字技术在传统产业的广泛应用,成为推动传统产业结构调整和总量扩张的强大引擎。

技术驱动观念变革。在互联网时代,数字技术作为一种技术手段和思维方式,对人们提出了全新挑战。

(3) 人才资本驱动

人才资本是与知识经济相对应的资本形态,是通过有意识、长时间、高成本的投资而形成的,能够带来创造性的成果和以健康、知识、技能等因素所体现的巨大贡献的价值。人才资本虽能带来增值性,但它是高层次的人力资本,属于战略性资本,依赖后天培育,才能为投资主体带来收益。在互联网时代,人才无疑是最为稀缺的资本形态,是推动中国互联网企业参与国际竞争的第一资本。建设高素质的人才队伍,是中国互联网企业走出去的战略需求。

2. 中国与东南亚跨境电商合作面临的挑战有哪些?

(1) 跨境电商支付方式不匹配

跨境电子支付是中国与东南亚跨境电商合作的关键环节,但目前中国与东南亚地区现有跨境支付方式不相匹配,为双方跨境电商企业支付、结算带来诸多问题,不利于双方跨境电商的进一步合作。当前,中国跨境电商支付方式主要采用第三方移动电子支付方式,包括支付宝、微信、信用卡等。根据搜狐网数据显示,2017年中国境内11个省份移动支付占比超90%,中国的移动支付市场规模相当于美国的90倍,在全球处于领先水平,移动支付逐渐成为跨境电商企业支付的主要途径。而东南亚地区跨境电商消费者在支付过程中更倾向于COD货到付款,个人银行账号普及率较低。根据新华网报道,东南亚地区各国年满25岁没有银行账号的人口高达1.5亿,尤其是越南、菲律宾等国家,没有银行账号的人数占其国内人口比例超过1/2。另外,根据DONEWS网站数据显示,印度尼西亚人口约有2.6亿,但拥有信用卡的人数仅为6%;柬埔寨有1 500多万人口,具有银行账户的人口占比仅有17%,信用卡普及占比不到3%。可见,中国与东南亚跨境电商支付方式不匹配,跨境电商支付无法实现无缝对接,在一定程度上阻碍了中国与东南亚跨境电商合作进程。

(2)跨境电商物流耗时长,成本较高

在中国与东南亚跨境电商合作中,物流问题一直是跨境电商企业发展面临的痛点,跨境电商物流企业不仅面临物流慢的难题,还承受成本不断上升的压力。例如,2017年10月,由印度尼西亚本土运送到爪哇岛之外的电商产品原本需要5天配送时间,但实际运送时间已经达到10天以上,严重影响了时效性较强的电商产品质量。再如,2018年5月,菲律宾跨境电商消费者同样面临物流耗时长问题,境内配送商品需要7天以上才能送达,严重地影响了跨境电商网购体验。与此同时,跨境电商企业的成本也在不断增加。据中国纸网数据显示,从2017年下半年开始,造纸业的原材料价格突然走高,纸浆价格一路上涨,造纸企业回收废旧黄板纸价格从原来1 220元/吨上涨到高于1 400元/吨,增幅达到15%,且超过30家造纸企业上调了纸板、原纸、废纸等原材料收购价格,涨幅从20元到200元不等,导致纸箱制造成本涨幅高达80%,商品包装成本也从原来占物流成本10%上涨到15%,使跨境电商企业利润空间逐步被压缩。

(3)跨境电商缺乏先进技术支撑

虽然中国与东南亚跨境电商逐渐转向智能化发展,但是东南亚多数跨境电商企业还缺乏技术支撑,导致中国与东南亚跨境电商合作水平一直停滞不前。根据白鲸出海网数据显示,菲律宾由于缺乏先进的互联网技术支撑,导致本国网络渗透率仅维持在 46%,其网络运行速度在亚太地区排名倒数第二,不利于中国发展与该地区的跨境电商。缅甸对外开放时间晚(2011年),未经历互联网 PC 时代,高新技术支撑力度极其薄弱,网络渗透率不足 20%,仅依靠"移动设备"进行相关运营,在阻碍了本国跨境电商发展的同时,也限制了中国与缅甸跨境电商合作项目在本土的顺利开展。根据新华网报道,阿里巴巴在包括东南亚国家在内的全球 14 个国家与地区建立了数十个飞天数据中心,为东南亚地区跨境电商技术提供支持。但由于东南亚地区缺乏先进的技术,导致 RFID 技术、激光技术、非接触式供电技术以及红外探测技术无法在东南亚各国投入使用,阻滞了中国与东南亚各国跨境电商的合作。

(4) 跨境电商合作存在较大的安全隐患

中国与东南亚跨境电商合作过程中,存在较大的安全隐患。泰国消费基金会指出,泰国食品制造商为了延长食品保质期,食品添加剂的剂量已经明显超出限制标准,市场上有超过 30% 的食品存在安全问题。2016 年 9 月,中国香港食品环境卫生署公布,从泰国进口的沙律菜样品中携带沙门氏菌,对人体具有较大危害,跨境电商产品存在较大的安全隐患。2018 年 4 月 16 日,越南一家制作咖啡的企业用废弃电池芯、石灰粉等对人体有极大危害的物质制作咖啡,并且已经面向市场销售了超过 3 吨这种咖啡,进一步加剧了东南亚地区跨境电商食品安全问题。除了产品安全问题以外,信息安全也是中国与东南亚跨境电商合作面临的一大棘手问题。根据《中国网民权益保护调查报告 2016》数据显示,在中国 4.8 亿包括跨境网购用户在内的网民中,有超过 50% 的消费者个人信息在网购中遭到泄露。另据 ZOL 新闻中心报道,2017 年 3 月,一起特大公民信息盗卖案件被公安部破获,有超过 50 亿条公民信息被恶意泄露,包括用户账号、密码、收货地址、电话号码、身份证号码等,加大了中国跨境电商信息安全风险,同时也为中国与东南亚跨境电商合作埋下了较大的安全隐患,为双边跨境电商合作带来了较大的安全风险。

3. 海外电商借鉴中国互联网经验,有哪些启发与思考之处?

无论理论世界的互联网经济运行得何其完善,实践中却依然有许多值得重视的问题。再次观察马云成功的中国元素,特提出以下四个问题以供思考。

(1) 问题1:用户基数扩张与平台边界拓展

在马云启动互联网经济发展伊始,中国互联网上商业机构之间的业务量,比商业机构与消费者之间的业务量大得多,特别是中小商业机构的发展需求量很大且远远没有得到满足,如信用评价、品牌营造、出口渠道、广告宣传等。面对离散的庞大需求,阿里从一开始就聚焦在中国供应商(B2B),这是其率先突出重围的根本原因。后来的淘宝、阿里的建立、转型和成功,也都与看准了需求在哪里有关。在这种成功的背后,我们还应看到,中国用户基数规模的庞大和扩张,支撑了离散需求的规模,当这些用户被源源不断地吸引到马云的平台之上时,平台边界也在拓展。这里有两个问题需要注意:一是平台边界拓展必定带来组织、管理和维护成本的增加,是否会存在一个临界点最终制约平台的规模?如果存在这种情况,那么交互信息的体量规模是否会被众多的平台所分割?在平台之间互为对抗竞争的前提下,单一平台难以搜集到海量的交互信息,这是否会影响互联网经济的长远发展呢?二是平台的无限拓展势必产生强大的控制力和排他力,这是否会出现一支独大的垄断局面?如果发生这种情况,就很难担保垄断平台锁定用户,进而剥夺用户福利的问题,所谓的加速创新、弱化资本力量等诸多希望也就更加难以实现。

(2) 问题2:成在诚信与败在诚信

以信用建设为基础,马云构造了庞大的经济帝国,但在支付宝VIE事件后,则被批评因一己之力而毁掉中国互联网公司在美国资本市场的信任基石;商城围城事件,则被指为抛弃赖以起家的众多小商家;淘宝系倚仗着蚂蚁雄兵崛起,但在面对做B2C的压力时,却被指出忘记了马云自己一直宣扬的对创业者的责任感;焦点访谈事件,则被认为是知识产权意识淡薄。在这种情况下,我们没有充分的依据证明诚信可以一直贯穿互联网经济发展始终,也没有理由相信任何华丽演讲词中有多少可以相信乃至最终落到实处的东西。如果中国的互联网经济发生了从信用支撑到信用危机的转化,那么,当年的追捧者越多,未来遭受的伤害就会越大。

(3)问题3:马云成功的示范与扭曲含义

无论怎样标榜互联网经济的美好,至少在目前的商业运行逻辑上,它都仍然是典型的"烧钱"模式。在今天,当许多人热衷于互联网创业之时,人们看到了马云的创业智慧。在本书看来,马云的成功是中国经济长期"重制造、轻服务,重产能、轻消费,重国有、轻民营"发展逻辑的结果。因此,马云一手缔造的互联网经济模式,实际上是对传统经济模式的对冲,通过去除传统经济中的体制压迫力量,实现了大量线下租金的线上释放。实践中,全球金融危机的发生只是加速了马云成功的进程。但着眼于未来,中国的互联网经济最终要回归以用户和线下制造业为中心,脱离线下制造业的互联网经济注定没有前途,而离开依赖用户、维系用户的互联网经济也不会走远。从这个意义上说,商业模式和营销技巧固然重要,但不能一味地"吹财富牛皮""唱生意经",更不能把互联网经济当作资本运作的逻辑一味描述其前景的壮丽,而是必须脚踏实地根植实体经济,谋求真正的互联网经济创新驱动。

(4)问题4:中国互联网经济的天花板

如果说分享和蚕食线下体制租金是早期互联网经济成功的重要原因,那么未来的互联网经济盈利点有三种可能:一是互联网"巨鳄"与线下垄断企业共谋蚕食体制租金。这从微信选择与阿里巴巴竞争,而不是与其合作共同撼动大型国有企业可以看出端倪。二是以资本运作方式进入产业金融领域,甚至不关心实体经济本身,重点瞄准以互联网平台为基础的"用钱生钱"。这从马云选择在美国上市而不像马斯克那样进入美国的国家创新体系,以及一夜之间出现了如此之多的互联网金融企业可见端倪。三是大胆松绑互联网经济发展的体制约束,以极高的容忍度包容互联网经济创新。

不可否认,中国的互联网企业家在技术应用和商业模式局部创新方面已经较为成功,但互联网经济面临的主要障碍是,政府的管制与政策无法适应互联网经济发展的要求。显然,只有把第三种可能转化为现实,并放大其盈利空间,中国的互联网经济才能够规避瓶颈制约,获得健康发展的新动力,从而迎来做大做强互联网经济的新契机。

四、课堂计划建议

本案例涉及的东南亚电商及Lazada在东南亚的布局,对于学员来讲是一个比较新的领域,所以在课堂开始前需要学员有基本的知识储备,对此应该针对相关领域进行预习,预习内容包括:

1. 了解东南亚电商的发展情况,了解Lazada的商业模式和发展布局,了解Lazada在被阿里收购后,电商领域做了哪些创新并分析其特点。

2. 了解、比较东南亚其他电商网站。

3. 登陆Lazada网站https://www.lazada.com/或Lazada App,浏览Lazada上不同国家分站的相关商品内容,并查看其支付和物流的相关说明,分析Lazada和Amazon以及淘宝的差异。

该案例的教学时间为两个课时,约90分钟。

1. 学员介绍自己预习的内容(10分钟)。

2. 播放腾讯视频、优酷网上有关Lazada主题的视频(8分钟)。

3. 教师引导案例阅读(30分钟)。在阅读过程中,可以提一些小问题引导学员思考。

4. 开放式问题(30分钟)。让学员分组讨论案例,假设他们是Lazada的CEO,面对东南亚电商物流和支付的基础设施不完善以及文化差异,需要进行哪些决策与思考,对公司未来发展有什么设想等。

5. 引导全班进一步讨论,并进行总结归纳(10分钟)。

案例 2：Wish：打造技术驱动的轻电商平台

Wish 2011 年成立于硅谷，Wish App 的早期版本是一个用户创建心愿清单（Wish List）的移动应用，产品形态上类似图片分享。Wish App 可以从用户现有的心愿清单中提取数据，预测出他们可能会喜欢的其他物品，并给予推荐。除了允许用户创建、分享心愿清单以外，他们还开发了送礼功能（Gifting），能通过算法预测朋友最想要的礼物，并通过社交集成发送朋友生日提醒。Wish App 在 Facebook 社交网络获得了广泛传播，得到了大量用户。

从 2013 年的 3 月开始，Wish 转型做电子商务。2013 年，转型不到一年的 Wish，其平台交易额就达到 1 亿美元。

2014 年，为了进一步拓展中国供应商资源，Wish 在上海成立了办事处进行招商活动。Wish 的跨境电商业务进入高速发展时期。

2015 年，Wish 进行"自我革命"，上线了科技电子产品类 Geek App 和母婴类 Mama App，后又推出专门针对"女性经济"的化妆美容类商品的垂直应用 Cute。在 Wish 大获成功后，已经出现了像 Bellabuy 这样的模仿者。

Wish 有 90% 的卖家来自中国。Wish 使用优化算法大规模获取数据，并快速了解如何为每个客户提供最相关的商品，让消费者在移动端便捷购物的同时享受购物的乐趣，被评为硅谷最佳创新平台和欧美最受欢迎的购物类 App。

目前，Wish 已有超过 3 亿的移动用户，超过 1 000 万的日活跃用户，超过 200 万的日订单量，成为北美和欧洲最大的移动电商平台。

一、Wish 的自动化推荐系统

Wish 的核心竞争力是其自动推荐系统，它为用户提供个性化商品，并以瀑布流形式展现。用户初期浏览时，Wish 可能只会推荐大众都喜欢的商品，但随着用户使用时间和频率的增加，Wish 就可以通过用户的行为来了解用户的兴趣、喜好，以此为基础为用户推荐什么样的商品。Wish 产品形态上弱化搜索。

Wish 的自动化的千人千面的个性化推荐系统有效提升了用户利益和用户体验，让用户有更多机会获得自己真正需要的产品，整个购物过程也更愉悦。Wish 的个性化推荐系统也大大提高了用户和商户的匹配效率，转化率大大高于传统电商企业，这也对卖家产生了吸引力。

Wish 的自动化推荐的技术，可以给每个商品以公平匹配的流量导入，有效地避开大品牌赢者通吃的马太效应，让中小卖家得到可观的流量，这对中小卖家是非常有吸引力的。目前 Wish 平台大多数卖家规模都较小，很少见到大型品牌商的身影。这也是 Wish 在大型电商平台的差异化所在。

二、价格优势

Wish 的另一大特点就是价格优势。Wish 上的商品主要是无品牌的服装、饰品、手机配件等，而且主要由中国的生产厂商直接销售。对欧美买家来说，这些来自中国的商品在价格上非常有吸引力。在北美，Wish App 长期位于 IOS 免费 App 的前列。

目前 Wish 的主要用户年收入在 8 万美金以下，和沃尔玛覆盖的人群一致,这样的人群在欧美加起来有 1 亿以上,用户规模很大,也是 Wish 目前重点的发力方向。

三、收费和盈利模式

Wish 的主要收入来自每次交易的佣金,目前收费是交易额的 15％(即产品和运费总和的 15％),商家入驻 Wish 不收取平台费,也不需要交纳保证金、押金,更不用交推广费用,商家上传产品后,Wish App 会根据产品进行定向推送。

不收平台费,按交易额收佣金的策略对 Wish 初期吸引商家和用户增长具有非常大的帮助,也有效地抵消了商家对推荐算法的不信任,因为平台和商家的利益绑在了一起。

四、技术驱动的轻平台

Wish 是一家技术驱动型公司,80 个员工大半是技术人员,甚至连市场营销等工作都尽可能使用自动化程序来完成。

为了保持商品优质低价的品质,Wish 正努力通过技术手段来过滤平台上最差的商品和商户,保留信誉最好、消费者满意度最高的商户。此外,该平台也设计了一个系统,如果大品牌发现假货,那么可以立即发出下架通知。

五、物流仓储

Wish 自身不做物流和仓储管理,从备货发货到物流都由卖家自主管理,买家往往需要一两周甚至一个月后才能拿到商品。Wish 也一直致力于缩短送货时间,提升用户体验。Wish 正在中国的货运中心通过合并订单等方式提高向海外发货的效率。此外，Wish 也在欧洲、美国和加拿大找到了仓库，为畅销商品准备库存，使消费者购买后能更快地收到货物，减少等待时间。Wish 还与点小秘、M2C 供销平台、华甫达、Payoneer 等第三方应用合作，在 ERP、海外仓扩充、保险、跨境支付等方面给予卖家支持。

案例使用说明：

Wish：打造技术驱动的轻电商平台

一、启发思考题

1. 从 Wish 平台所谓的价格优势和备受中小企业青睐等方面来看，该平台将面临哪些问题？

2. Wish 商户如何提升品牌质量和服务品质？

3. Wish 是一个仅做移动端的电商平台，移动端电商和 PC 端电商各有什么特点？

二、分析思路

1. 从 Wish 平台所谓的价格优势和备受中小企业青睐等方面来看，该平台将面临哪些问题？

该题帮助学员辩证地思考低价策略和平台开放式管理等运营手段的优势和问题。

2. Wish 商户如何提升品牌质量和服务品质？

该题帮助学员思考中小厂商如何提升在跨境电商平台上的产品质量和服务。

3. Wish 是一个仅做移动端的电商平台，移动端电商和 PC 端电商各有什么特点？

该题帮助学员理解移动端电商和 PC 端电商的特点，并引申思考为什么人们的消费当时向移动端转移。

三、理论分析依据

1. 从 Wish 平台所谓的价格优势和备受中小企业青睐等方面来看，该平台将面临哪些问题？

（1）上传产品差异化竞争力低

Wish 平台入驻门槛低、后台运营简单、风险较低等优势受到众多微小商家的青睐，加之速卖通、eBay、Amazon 等跨境电商提高商户经营门槛后，随之涌入了一大批微小商家和个人卖家。微小商户财力低，尤其是刚跨入该领域的创业者，平台运营经验不足，规则了解不透彻，不具备生产产品或自主设计产品和开发品牌的能力。再者，平台不限制每个商铺发布产品的数量，导致大部分商家疯狂上传产品，甚至出现简单"复制粘贴"的现象。尤其是一款热卖产品出现后，许多卖家往往跟风而至，在同款产品或类似产品上做微小更改之后就上传多款类似产品，导致产品识别度不高，缺乏差异化特点。因此，在平台初始流量平均分配之时难以获得产品差异化的竞争优势。

（2）盲目降价销售产品，质量普遍低劣

低价销售产品不仅在国内网站而且在国外网站，都是应用最广泛且"最为有效"的营销策略。不少商家为了出单，在国内网站进购价格低廉的产品，在没有了解产品质量的情况下就上传至 Wish 平台，低价出售，以提高客单量。实际上，一味地降价销售，使得众多商家们陷入无休止的价格战中，恶化市场竞争，造成商家们自身利益受损，非常不利于市场的良性发展。即便顺利出单，甚至发展成为爆款，但最终因为盈利不高、产品质量不高、货源不稳定、物流速度过慢、差评过多、退货率过高等因素被平台淘汰。

(3) 市场定位模糊

Wish 商家多为微小商户,财力低,商务经验不足。在市场开发方面缺少实地考察,仍以借鉴平台热卖产品为主,如首饰、服饰、小件饰品等日用品,结构单一、缺乏特色,产品竞争力在平台上处于劣势。此外,销售市场定位不明确,对物流时间成本考虑不足。不少商户没有结合实际对部分销售区域进行屏蔽,如非洲南美较偏僻的国家,该地区互联网和物流设施都有待完善。但由于该地物流成本高,时间长,丢包率高,回款困难,即便出单也是得不偿失。再者,目标群体定位不够明确,没有对某一群体进行深入发掘,产品过于大众化,个性化不足。

2. Wish 商户如何提升品牌质量和服务品质?

(1) 深入市场调研,精准市场定位

做好市场调研工作并做深入分析,切勿盲目跟风,迷失方向。① 全面收集数据。上传产品前,做好前期市场调研工作,其中包括实地考察、浏览相关网站、大数据分析,将所收集的信息进行深入分析研究,考虑目标客户的年龄、地域和气候,最后再综合利润、货源等自身因素,将信息全部整合后,筛选出有商机的产品上传。② 精准定位销售区域。Wish 最大卖场在欧美地区,Wish 商户可有所偏向地销售以欧美市场为目标的产品,原因主要是人群消费水平高,人均购买力强,跨境网购习惯成熟,支付手段先进,物流配套设施相对完善,方便物流操作,资金回笼快。③ 明确定位客户群体。据卖家网 Wish 数据显示,Wish 的买家多为女性,选品可倾向女性产品,如日用化妆品。年龄主要集中于 20 岁~30 岁和 30 岁~40 岁,多为高消费人群。选品时应将目标消费者集中该类人群,有意识地倾向选择生活中的必需品,市场潜力大。

(2) 优化产品信息结构

Wish 平台具备智能推送功能,由于 App 每个页面只显示六款产品,仅向目标客户推送客户可能感兴趣的产品,而不会出现盲目推送、重复推送的情况。客户在产品浏览和选购过程中,首先是被产品图片的直观性所吸引,而非价格。因此,图片设置尤为重要,加之完美的产品描述能有效促成订单。产品描述忌长篇大论,尽量趋向于简单明了。简单明了并不意味着寥寥几字就了事,而是尽量采用简洁明了的语言对产品进行描述,完善该有的信息,并且保证每一项描述都要与商品实际情况相吻合,使客户详细地了解产品。如只是简单地描写,没有将重点信息写上去,如客户购买后发现商品与预期不符,或产品描述与实际商品相差甚远,则会招致后期的差评和退款损失。

(3) 利用平台新规,加大优势产品的推广力度

Wish 平台对每款产品的初始流量平均分配,用户"标签化",以便精准地为 App 客户推送其感兴趣的产品。这就意味着每款产品一开始都会有推送的机会,但并非做好产品图片信息描述和标签等工作即可出单。如上传的产品被推送时不被客户所青睐,则沉入平台"海底"。2018 年,Wish 平台随流推出了购买流量的新政策。这一政策的推出给迟迟没有出单或者单量持续低迷的商户带来了新的机遇。商户可以利用这项新政策,极力推送具有自身优势的独特产品,提高市场竞争力。抓住最佳时机,尤其是西方狂欢节、圣诞节、"黑色星期五""网购星期一"等西方促销日之时,商户可以根据自身情况有针对性地进行促销活动,提升销售量。

(4) 提升物流效率,提升物流服务水平

保证所售产品都能选用 Wish 默认的官方物流方式。利润较低的产品,可暂且选择成本较低的国际物流方式,降低成本。在条件允许的情况下尽量选择有妥投信息的物流途径,提升物流服务效率。当经营有了一定的规模,财力有保证并做好市场预期后,可以选择租赁海外仓,加快物流速度,保证货物安全,愉悦客户购物体验。

3. Wish 是一个仅做移动端的电商平台,移动端电商有什么特点?

电子商务表现出一些 PC 端电子商务所不具备的功能与特性。主要有以下三个特点:

(1) 灵活性

用户在使用移动端购物时不受互联网光缆和接入点的限制,可以使用

随身携带手机、平板电脑等移动通信设备进行交易。因此,移动端电子商务的最大优势在于其灵活性,打破了交易时间和交易地点的限制。用户能充分利用碎片化的时间进行商务交易活动,而无须占用整块的时间。

(2) 娱乐性

移动设备有着 PC 电脑所不具备的一些特性。首先,移动设备可以实现 GPS 定位功能,提供基于位置的服务,帮助用户获取周围的餐饮娱乐、团购优惠、交通路况等服务信息;其次,目前大多数移动设备具有重力感应功能,许多软件应用由此设计了"摇一摇、抢红包"等活动,增加了网络购物的趣味性;再次,移动设备的扫描和拍摄功能可以让用户通过扫描二维码进行商品的搜索、匹配和比价等,满足顾客的个性化需求;最后,语音输入和指纹识别等功能也是移动设备所特有的,在用户不方便打字时也可以通过这些功能进行操作,为用户提供了多元化的选择,提升了用户体验。移动设备的这些独特功能使得移动端电子商务不仅仅是一种实现网上交易的手段,更是一种娱乐方式。

(3) 交互性

随着智能手机的普及,以微信为代表的移动社交软件逐渐兴起,移动社交网络的快速发展使得电子商务开始与社交网络相结合,以自媒体的形式通过社交圈、网络公众平台等多种渠道进行信息传播,移动电子商务的交互性得以体现。买家用户在完成网上购物后可通过移动端的分享功能,把商品分享至微信朋友圈、QQ 空间等社交平台或直接发送给社交软件中的好友,及时进行意见交互、商品信息共享和评价。卖家用户通过微信、QQ 等社交工具发布新产品的信息并进行商品推广、客户关系管理、品牌传递,从而吸引顾客,并与其精准互动。移动电子商务向社交化发展,随着微商的崛起,利用社交数据服务网购行为已经成为移动电商平台实现精准营销的发展战略。

四、课堂计划建议

本案例涉及的新兴跨境电商平台差异化竞争问题是一个较为独特的问题,所以在课堂开始前需要学员有基本的知识储备,应该针对相关领域进行预习,预习内容包括:

1. 了解 Wish 平台的管理模式,分析其快速发展的原因以及存在的风险。

2. 思考国内是否有类似的电商平台,其发展情况如何。

3. 登录 Wish 网站 https://www.merchant.wish.com,学习入驻规则、商铺发布规则和交易规则。

该案例的教学时间为两个课时,约 90 分钟。

1. 学员介绍自己预习的内容(10 分钟)。

2. 播放 Wish 平台介绍视频(8 分钟)。

3. 教师引导案例阅读(30 分钟)。在阅读过程中,可以提一些小问题引导学员思考。

4. 开放式问题(30 分钟)。假设学员是 Wish 的创始人,面临困境时需要进行哪些决策与思考,对公司未来发展有什么设想等。

5. 引导全班进一步讨论,并进行总结归纳(10 分钟)。

案例3：阿里、京东、网易、亚马逊等巨头的新战场

亚马逊于2004年进入中国，秉承"顾客至尚"的理念，不断为中国用户创新。目前，亚马逊在中国布局的核心战略业务包括以亚马逊海外购和亚马逊全球开店为中心的跨境电子商务，涵盖纸书、Kindle电子书阅读器和电子书的亚马逊阅读，亚马逊物流运营和亚马逊云计算服务（AWS）。

依托亚马逊全球15大站点、独一无二的全球供应商资源和跨境物流体系，亚马逊中国持续推进国际品牌战略，目前已成为国内拥有最多国际品牌及选品的自营电商之一，并逐渐成为中国消费者信赖的选购高品质海外正品的跨境网购首选站点。2014年，亚马逊中国正式上线亚马逊海外购商店——亚马逊第一个本地化、多站点的全球商店，消费者用中文即可直接购买来自亚马逊美国、英国、日本、德国网站的30大品类、逾2 000万的海外正品。商品经由亚马逊全球物流体系从海外运营中心直送中国消费者。亚马逊Prime会员服务于2016年10月在中国上线，是亚马逊全球首个提供跨境订单全年无限次免费配送的会员服务。

亚马逊全球开店致力于帮助中国卖家发展出口业务、拓展全球市场、打造国际品牌。目前，数以万计的中国卖家加入了该项目，包括亚马逊美国、加拿大、德国、英国、法国、意大利、西班牙、日本、墨西哥、澳大利亚、中东及印度在内的12大海外站点已向中国卖家全面开放。中国卖家可将商品销售

给亚马逊全球超过3亿的活跃用户,以及亚马逊美国、欧洲和日本的数百万企业与机构买家。

亚马逊在全球拥有175个运营中心,配备超过10万台Kiva智能机器人,可将商品配送至185个国家和地区。借助全球领先的物流交付能力,亚马逊中国为通过海外购进行跨境网购的中国消费者提供一流的跨境配送体验,并帮助中国卖家出口海外,拓展国际市场。

亚马逊中国致力于为中国消费者带来完善的阅读体验,点燃中国大众的阅读热情。自2012年12月上线电子书店起,亚马逊陆续在中国推出了Kindle电子阅读器全系列产品以及Kindle Unlimited电子书包月服务,并与超过700家中国出版商和进口书商合作,为中国读者提供了超过66万册电子书。2017年6月,亚马逊和中国移动咪咕公司推出专为中国市场定制的全球首款联合品牌Kindle——亚马逊Kindle X 咪咕电子书阅读器,将更丰富的网络文学内容整合到Kindle电子书阅读器,为中国读者提供更多阅读选择。

亚马逊云计算服务(AWS)自2014年起以"有限预览"的方式为部分中国客户提供服务。自2016年8月1日起,AWS中国(北京)区域的云服务将由光环新网运营和提供。新的合作关系是为AWS中国(北京)区域而特别定制的,旨在为需要在中国数据中心运行工作负载的客户提供一流的云服务,这也体现了亚马逊对客户的长期承诺。目前,AWS中国(北京)区域有两大可用区,也是AWS全球13大区域之一。2017年12月,由西云数据运营的中国第二个AWS区域正式向客户提供服务。2018年9月,亚马逊云服务(AWS)宣布在上海建立AWS人工智能研究院,致力于打造AWS人工智能与机器学习的云服务,惠及全社会。

一、海外购提速

亚马逊中国副总裁牛英华曾提到一个数据,2013年到2014年,中国跨境电商海淘的订单中,大概有50%发生在美亚网站上。那个时候配送费用很高,也会经常遇到无法配送到中国的商品,这就会涉及漫长的转运流程,还要面临丢单的风险。

如此艰难的购物体验依然没有挡住人们"海淘"的热情,天猫首先对这个市场有了反应,于 2014 年 2 月份推出了天猫国际业务。年底,亚马逊的海外购正式上线——这相当于海外网站的"中文版",可直接同步浏览和购买来自其他国家的商品。牛英华对此做过一个定义——纯正海外货、实时国际价、跨境及时到、售后有保证、中文化界面。仅 2015 年 1 月至 10 月,中国消费者在亚马逊海外站点的购物花费总额已经相当于过去 20 年的总和。

2016 年中国跨境电商交易规模达到 6.3 万亿元,海淘用户规模达到 4 100 万人次。而此时,跨境电商的战火也已经越烧越烈了,网易的考拉海购、京东全球购等相继推向市场。这意味着更多的机会,但对亚马逊来说,也意味着要抵御越来越多的劲敌,需要更快的速度去跟上消费者的脚步。

二、机不可失

对于亚马逊来说,海外购业务或将成为其在中国市场"翻身"的一个契机。

2004 年,亚马逊通过收购卓越网曲线进入中国市场,2006 年,"卓越网"成为中国第一大网上书店。不过,如今的亚马逊则时移境迁,2008 年卓越亚马逊市场份额为 15.4%,2015 年这个数字则缩水到了 2.1%。如今,亚马逊的市场份额则进一步退守到 1% 上下。外界一度猜测亚马逊会像很多不敌中国对手的跨国 IT 企业一样,退出中国市场,但海外购业务的前景则显示了另一种可能。

亚马逊中国副总裁李岩川指出亚马逊自营跨境电商业务的优势很明显,"我们在全球有 14 个站点。这样庞大的供应网络不是一天就能够建立起来的"。在美国,这家 1995 年就创立的网上零售店有着无可争议的地位——占据美国 34% 的在线零售市场;而华尔街公司 Needham 的研究报告则指出,到 2021 年,亚马逊的市场份额可能增至 50%。近期亚马逊也在开拓印度市场。据称,亚马逊创始人贝索斯对印度团队提出的要求就是:不问代价,只要成功。而如果把这样的决心注入亚马逊中国的海外购业务中,胜负或许将是另一个局面。

三、Prime 服务

时间回到 2004 年,某一天,兴奋的贝索斯告知与会者,自己决定接纳来自员工的建议,采取一项全新的运费政策——支付年费的顾客可享受大部分产品的免费配送,不必再受限于一直以来的每单 25 美元免邮门槛。这就是 Prime 的雏形。2016 年底,亚马逊把 Prime 会员制度首次引入中国市场,而且优惠力度超出任何国家:中国会员选购带有 Prime 标识的商品,国内订单零门槛、跨境订单 200 元人民币以上均全年无限次免费配送。可是,华尔街的分析师们曾就此公开表示他们对于亚马逊成本的顾虑——他们认为亚马逊的想法过于疯狂,因为免费配送并承诺配送时效是一件非常昂贵的事情。亚马逊中国总裁张文翊也承认了这一困难:"可以想象一下,当消费者下单的时候,货品可能正位于美国八十几个运营中心中的任何一个。"而亚马逊要做的是须在消费者下单的一小时内把商品从运营中心送上飞机,通过海关之后进入中国的运营中心,并在半个小时之内送出去。

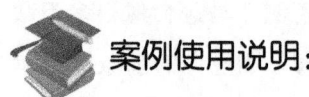 **案例使用说明:**

阿里、京东、网易、亚马逊等巨头的新战场

一、启发思考题

1. 亚马逊海外购的扩张有什么特点?

2. Prime 服务是一种会员制电商模式。什么是会员制电商模式，它对应怎样的盈利模式？

3. 你认为亚马逊中国等跨境电商应该从哪些方面发展或巩固竞争优势？

二、分析思路

1. 亚马逊海外购的扩张有什么特点？

该题帮助学员思考：亚马逊是如何依托自身优势发展中国业务的。

2. Prime 服务是一种会员制电商模式。什么是会员制电商模式，它对应怎样的盈利模式？

该题帮助学员理解 Prime 服务的实质，以及亚马逊为什么推出 Prime 服务。

3. 你认为亚马逊中国等跨境电商应该从哪些方面发展或巩固竞争优势？

该题帮助学员理解：跨境进口电商企业的核心竞争力在哪里。

三、理论依据和分析

1. 亚马逊海外购的扩张有什么特点？

（1）利用海外市场优势发展海淘业务

亚马逊除了主站外，还为欧洲、亚洲市场建立多个分站。例如，亚马逊通过打通中国站点和美国、英国分站站点的账号体系，让中国用户在中文亚马逊网站也能够买到海外市场商品。亚马逊利用海外市场的优势推进了跨境购物常态化发展，为亚马逊在全球市场的迅速扩张创造了良好机遇。

（2）建立会员管理制度

亚马逊推出的 Prime 服务计划是一项方便会员购物的增值计划。美国 Prime 会员数量高达 5 000 万，为亚马逊贡献了 57% 的销售额。目前，Prime 服务已经陆续在海外亚马逊分站登陆。亚马逊的 Prime 计划不仅便于会员管理,同时利用各项优惠政策刺激会员持续消费,更重要的是能够进一步推动亚马逊海外购业务,成为亚马逊独特的优势所在。

(3)利用自身资源推动海内外市场发展

当前亚马逊的海外市场资源丰富,而亚马逊也不断利用自身的优势持续推动海内外市场的发展。一方面,亚马逊通过全球布局,建立了跨国界的完善物流体系。另一方面,在海外尤其是欧洲市场拥有极大的影响力,和成千上万的国际品牌建立了长期的合作关系。相对于国内电商而言,亚马逊拥有更强大的海外商品资源,能够较好地满足目前消费者对于海外商品的需求。

2. Prime 服务是一种会员制电商模式。什么是会员制电商模式,它对应怎样的盈利模式?

对于什么是会员制电商模式目前尚无精准的官方定义,但在市场营销理论里,有一个概念叫会员制营销(Membership Marketing),指的是企业通过组建一定的组织形式,以客户自愿参加的形式,并提供适合需要的服务,培养企业的忠诚客户,以此获得经营利益的营销方式。同理,可以这样理解会员制电商模式——电商平台通过向注册会员收取一定的服务费用(通常为按年计费),让付费会员在该平台消费商品或支付服务时享受特定的优惠或者获得额外的附加值服务。这在 Prime 中指的是包邮。

美国 Costco 是公认的会员制商业模式的鼻祖,诞生于 1976 年。在我国电商还未发达的 20 世纪 90 年代,就已经有众多商场、超市、书店等实体商业采用收费办理会员卡这样的模式使消费者成为固定会员,享受会员充值优惠或者会员专属折扣。只不过我国电商业是近两年才开始发展收费制会员服务,成为电商业新的盈利增长点。从本质上讲,会员制电商模式和线下会员制商业模式类似,都是给部分成为会员的消费群体提供特别定制的会员价格或服务。

采用会员制模式的电商面临很多权衡,其中最核心的不外乎盈利模式的探索。收费制依靠哪个环节盈利?是给会员提供高质低价的服务变相让利给消费者、最大限度让利会员,以会员费为主要收入来源;还是以传统的销售商品盈利为主要目标;又或是以建立忠诚的收费客户群体后,以此获得供应链上的利润为主。如果定位不清晰,抉择不恰当,在这个电商竞争"红海"中,连生存下去的可能性都会失去。

亚马逊的 Prime 服务显然更多地是着眼于提高顾客忠诚度:Prime 的会员费并不足以负担其服务成本——通常一两个包裹的配送费就足以花费一位用户的全部年费。但亚马逊更关注长期,即提升顾客黏性的"飞轮效应"。如果亚马逊能让中国消费者发现有更多之前没有想过可以从平台上购买的商品,并且能够以非常快的速度免费跨境配送,那么下次购物时,消费者就能够下意识地选择亚马逊。

3. 你认为亚马逊中国等跨境电商应该从哪些方面发展或巩固竞争优势?

(1) 建立资源优势

有效整合资源,汇聚平台优势,这对于企业的对外扩张、提高核心竞争力十分重要。结合亚马逊的战略定位,企业可以借助自身所在区域的优势,把握市场机遇,利用当地政府政策的优惠条件,提前占位,建立属于企业自身的核心资源平台,并结合电商零售企业的特点,围绕企业市场定位、价值主张等,重新思考企业的商业模式,借助大数据等信息化工具实现对其创新。同时,企业可以采用积分制的管理模式,帮助企业实现各部门的串联,使之围绕客户需求、价值链竞争等协同运作。

(2) 建立服务优势

服务往往与企业客户紧密联系。因此,企业在经营过程中需通过一定方式,如积分卡、会员制等,将顾客与企业进行联系。通过优质的服务提高顾客的满意度及忠诚度,形成企业服务的口碑优势。为建立企业服务优势,零售型企业在销售过程中应树立"客户差别化"的经营理念。在与顾客交流过程中,企业应适当地培养忠诚客户,只有通过对顾客价值进行差别化管理,才能使企业有效避免市场环境的价格竞争,这有利于企业在长期的竞争中形成核心竞争力。

(3) 建立渠道优势

对于电商零售企业而言，只有建立系统化的线上交易平台渠道和线下合作网络，形成自身渠道优势，才能避免被同类型企业或大型企业所代替。为建立渠道优势，企业需要明确企业的渠道定位及模式，制定合理的渠道伙伴利益分配政策，根据企业实际情况和市场情况，把握企业未来渠道的扩充和管理。

四、课堂计划建议

本案例涉及亚马逊中国、天猫国际等跨境进口电商市场格局和竞争策略，在课堂开始前需要学员有基本的知识储备，对此应该针对相关领域进行预习。预习内容包括：

1. 了解亚马逊中国的发展历程，尤其是其从市场萎缩到反弹的过程。

2. 了解亚马逊海外购快速发展的原因以及存在的风险。

3. 登录亚马逊中国网站 https://www.amazon.cn 和亚马逊海外购网站，在线浏览商品，了解 Prime 服务。

该案例的教学时间为两个课时，约 90 分钟。

1. 学员介绍自己预习的内容(10 分钟)。

2. 播放亚马逊中国的相关视频(8 分钟)。

3. 教师引导案例阅读(30 分钟)。在阅读过程中，可以提一些小问题引导学员思考。

4. 开放式问题(30 分钟)。让学员分组讨论案例，假设他们是亚马逊中国的 CEO，面临困境时需要进行哪些决策与思考，对公司未来发展有什么设想等。

5. 引导全班进一步讨论，并进行总结归纳(10 分钟)。

案例4:阿里巴巴的印度攻略:13亿人口新市场能否复制中国互联网

UC是何小鹏和梁捷于2004年在广州创立,2014年6月并入阿里巴巴,成为阿里巴巴移动事业群的核心部分。阿里巴巴大UC事业群专注移动互联网业务创新,致力于打造简单、可信赖的移动互联网信息服务平台。大UC事业群以UC为核心,涵盖其生态体内相关业务线,包括神马搜索、阿里应用分发等。

作为阿里大文娱的核心旗舰产品之一,定位于"大数据新型媒体平台"的UC目前每月活跃用户数超过4亿,旨在根据移动场景和浏览习惯,并应用阿里系大数据资产和技术,将信息和服务以更好的方式和体验传递给用户,实现"千人千面"。神马搜索则是阿里巴巴旗下移动搜索品牌,致力于为用户创造方便、快捷、开放的移动搜索新体验,目前在国内移动搜索市场中稳居第二位。阿里应用分发整合了豌豆荚、PP助手、UC应用商店、神马搜索,并联合YunOS应用商店等应用分发平台,实现全流量矩阵布局。

同时,大UC事业群海外业务布局已初具规模,UC浏览器在印度、印尼等多个新兴国家的市场占有率名列第一。UC还利用其在海外的先发优势快速布局浏览器以外的创新产品,比如其信息流产品UC News自2016年在印度、印尼发布,快速成为当地成长最快的新闻应用,目前在两国已有超过 1 亿月活跃用户。第三方安卓应用商店 9Apps 则拥有全球超过 2.5 亿月活跃用户。

一、困难的本土化

在 9 年前 UC 进入印度市场时，这里几乎是一片"荒漠"。当时全球正处于智能手机爆发前夕，印度甚至连台式电脑还没有完全普及。不过 UC 的高管团队坚持认定，未来移动互联网必将改变整个世界的上网习惯，"现在全球有 70 亿人口，台式电脑只有 12 亿台，但是已经有了 50 亿手机用户。"

这并不是一个容易的市场，近年来有诸多好手在这个人口庞大并且快速发展中的国家掘金，仅以 UC 所在的移动浏览器行业为例，谷歌背书的 Chrome 以及今年上市的 Opera 都是强力竞争对手。更糟糕的是印度奇差的互联网网速，当地的手机 4G 网络非常不稳定，经常从 4G 信号变成 E 网，在一些交通工具或者密闭空间内甚至没有信号。

不过在阿里大文娱大 UC 事业群总裁朱顺炎看来，印度基础网络设施相对落后反而会成为 UC 的重要机会："本来印度精英人群受美国文化影响较深，对美国公司产品也更加熟悉。但美国公司往往针对全球市场进行布局，并不会针对印度用户进行差异化服务，这时做好印度本地化，就成为 UC 重要的竞争手段。"

据 UC 方面介绍，印度用户使用的 UCBrowser 比谷歌旗下浏览器软件体积小，下载和浏览速度也更快，这些差异是 UC 根据印度市场做的相关升级。UC 国际浏览器业务负责人王文祥介绍，直到 2018 年，印度智能机用户不到 3 亿人，大部分印度人还在使用功能机，所以 UC 浏览器既为印度用户提供安卓和 IOS 版本，也有功能机版本，而功能机的手机内存普遍较小。UC 印度和印尼办公室总经理席宇表示，面对印度的情况，UC 的策略是小安装包、下载快、省流量、访问快。

近日，UC 在印度市场推出新版本升级视频体验，宣称比旧版本省流

50%。UC 国际浏览器业务负责人李珊接受采访时表示:"印度有 50% 的用户用浏览器来观看视频内容,在新版本中,我们优先考虑如何提升用户的视频观看体验。"第三方市场数据监测公司 AppAnnie 的数据显示:在刚过去的印尼斋月,用户使用 UC 浏览器的日均时长和打开率超过了 Chrome。

二、内容创业蓝海

移动浏览器领域取得领先地位后,UC 开始向印度移植国内成熟的内容生态模式。2016 年 6 月,UC 在印度发布 UC News,从工具转型内容平台;7 个月后,UC 宣布投资 3 000 万美元用于印度的内容分发平台;2017 年 5 月,UC News 在印度的月活跃用户突破 8 000 万,那时 UC News 才上线 9 个月。

目前,印度的内容创业领域还处于一片蓝海之中。通过新的内容原创平台,一些印度女性得以改变此前依附别人生存的模式,通过"自媒体"这种模式把握家庭与事业的平衡。Vibha Sachdeva 就是其中的典型代表,这位全职妈妈之前曾在电视台当了 15 年记者,但在生下女儿后无法再从事之前的工作,让她感到自我价值缺失。她表示,"自媒体创作让我和我的读者得到了双赢。"

根据 UC 方面提供的数字显示,类似的 UC 自媒体人在印度已经超过 6 万。"我们更看重印度社会里这些普通人,为他们提供一个更好的发展舞台",朱顺炎对此表示。

在内容创业方面,UC 也进行了本土化适配。如板球被称为印度国民运动,每年印度 IPL 板球超级联赛期间,UC 都会大力挖掘相关内容,"UC 平台上 2018IPL 内容消费总量达到 213 亿,相关文章超过 25 万篇,相关内容互动总量达 4 500 万,日人均消费时长 20 分钟,超越同期 Twitter 的数据。"这是 UC 统计的 2018 印度 IPL 板球超级联赛期间的 UC 信息流平台数据,"有 7 000 多家印地语内容发布方和 2 400 多家英语内容发布方为 UC 浏览器用户提供了角度独特、内容有趣的故事"。

 **案例使用说明：**

阿里巴巴的印度攻略：13 亿人口新市场能否复制中国互联网

一、启发思考题

1. 为什么阿里巴巴等大型电商均聚焦印度市场？
2. UC 浏览器作为典型的互联网平台，可能具有哪些盈利模式？
3. 你对 UC 这种内容平台的盈利模式有什么建议？

二、分析思路

1. 为什么阿里巴巴等大型电商均聚焦印度市场？

该题帮助学员理解印度电商市场的优势。

2. UC 浏览器作为典型的互联网平台，可能具有哪些盈利模式？

该题帮助学员思考互联网平台的盈利模式。

3. 你对 UC 这种内容平台的盈利模式有什么建议？

该题帮助学员思考，各类内容平台在使用体验上有哪些问题或优化方向。

三、理论分析依据

1. 为什么阿里巴巴等大型电商均聚焦印度市场？

（1）庞大的人口基数和消费潜力

2017 年，"互联网女皇"米克尔在互联网趋势报告中称印度是"地球上最吸引人的互联网市场"之一,并称印度已经成为美国和中国企业的"优先战略"。数据显示截至2016年6月,印度互联网渗透率27%,安卓机使用时长达1 480亿小时,居全球之首(中国除外)。其中,网民数量达3.55亿,这个数字已经超过了全球人口第三大国——美国的总人口数量。

更重要的是,这个数字还在飞速增长。得益于大量中国智能手机进入印度市场,大部分没有使用过个人电脑的印度移动互联网用户通过移动终端连接到网络。据印度互联网移动协会(IAMAI)年初预计,截至2018年6月,印度移动互联网的用户数量达到4.78亿。未来十五年,印度新上网人数将超越其他任何一个国家。

这样美妙的数字自然让外国投资者趋之若鹜,正在积极寻找海外空间的中国互联网公司也不会放过这个庞大的市场,把一个发展中人口大国的成功模式复制到另一个人口几乎相当的发展中国家,这种诱惑很难让人拒绝。

(2) 落后的基础设施

印度基础网络设施相对落后,反而会成为电商的重要机会。本来印度精英人群受美国文化影响较深,对美国公司产品也更加熟悉,但美国公司往往针对全球市场进行布局,并不会针对印度用户进行差异化服务,这时做好印度本地化,就成为中国电商企业重要的竞争手段。另外,由于印度严格的用户身份登记制度,使得印度互联网实名制推进更加容易,这些用户未来可以直接连接其社会保险、个人信息,为印度将来的互联网消费金融埋下了种子。

2. UC浏览器作为典型的互联网平台,可能具有哪些盈利模式?

通过归纳总结,适用于互联网平台的盈利模式类型主要包括产品销售、广告、增值服务、线下活动收入等。

(1) 产品销售

产品销售是内容型平台最主要的盈利模式。第一种形式为付费视音频课程,以喜马拉雅App上付费音频课程和得到App中的各种付费视频课程为典型。这类形式的产品通常为一整套课程整体销售，价格相对较高，所以需要课程发行方或主讲人有较高的名气及口碑，在取得用户充分信任的情况下才能吸引用户付费购买。第二种为付费问答，以知乎旗下的"值乎"以及果壳网旗下的"分答"为代表。这类形式的产品本质上是一种付费经验分享，专业性相对更弱而娱乐性更强，平台中活跃度最高的多为娱乐八卦和情感类问题。这类产品通常都为UCG模式生产内容，平台通过KOI意见领袖的名人效应来吸引流量，在一定程度上利用户的八卦猎奇心理。然而这两个产品遭遇的处境也是相似的，经历了在朋友圈昙花一现的大热之后，面临着用户黏度难以维持，用户增长出现困境的尴尬局面。

还有更为不同的形式——阅后打赏，这是一种非强制性的付费模式，但对"知识"产品的质量要求相对更高，只有在产品内容足够刺激到用户神经，让用户满意的情况下才能使用户进行"打赏"行为。然而此类平台"打赏"所获收益均归内容创作者所有，平台不参与抽成，因此这种形式并不是平台的盈利点。

除了销售核心产品"知识"，很多平台还会推出一些衍生周边产品，这是一种间接销售，平台首先通过优质内容吸引并留住特定用户，进而销售针对该用户群的产品或服务。其中多数为相关的书籍，如罗辑思维推出的系列书籍，知乎出品的电子刊物——知乎周刊等；也有其他物品，比如豆瓣的豆瓣豆品模块中，销售搪瓷杯、笔记本等"豆瓣生活美学物品"。此类产品对用户忠诚度的要求较高，用户只有在对平台的内容、理念有高度认同感时，才会购买此类产品。

(2) 广告

互联网平台上的广告主要有两种形式，分别为启动页广告和插入式广告。启动页广告由于其形式的优越性，投放的广告商多为成熟优质、知名度高的大品牌，而相比之下，平台内部的插入式广告多为处于成长期的品牌，且存在着品牌质量参差不齐的问题。以知乎App内部的插入式广告为例，广告会出现在首页推荐的问题中间，出现频率较高，平均每三到四个问题就会出现一个广告推广,广告主多为成长期的网站、App 等。对平台而言,如果希望通过这类广告获得更多收入,那么势必需要创造更多的广告位,这将不可避免地影响用户体验,因此如何在两者之间寻找一个平衡点,是平台需要探讨的问题。

(3) 增值服务

最为典型的增值服务形式就是付费会员,用户通过充值成为平台的会员,享受某些会员特有的服务,如以优惠折扣价格购买付费产品,免除使用过程中的广告,独享会员精品内容等。吸引用户成为平台会员的最重要前提是用户满意平台当前所提供的内容,并对平台未来所生产的内容有一个较高的预期评估,使之相信他们当前一定金额的会员费用的投入在未来会收获相匹配的回报。

3. 你对 UC 这种内容平台的盈利模式有什么建议?

(1) 坚定内容为王,提升内容质量

内容平台之间竞争激烈,真正能够使之存活下来并且脱颖而出的关键还是其提供的内容的质量。几类主要盈利模式中,除了广告收入是来源于广告主,其余几类盈利模式的收入均直接来源于用户,而内容的品质也就是用户是否愿意为之付费的决定性因素。尤其是在销售衍生周边产品、增值服务几类收入中,唯有平台能够长久性地提供稳定且优质的内容,培养用户忠诚度和依赖度,吸引特定群体的用户成为平台粉丝型用户,才能带动这几类模式盈利。因此,坚定内容为王的观念,持续提升内容质量,是内容平台赖以生存和发展的关键。

(2) 针对目标用户,提高用户黏性

内容平台相较于其他互联网平台,对用户的要求相对较高,其大部分的盈利收入都直接来源于用户。首先,需要用户有良好的付费意识和版权观念,对优质的且能够满足其需求的知识内容有着强烈的付费意愿。再者,内容平台的几类主要盈利模式中会员增值服务、衍生周边产品销售及线下的活动收入,针对的目标群体都是对平台具有较高忠诚度的粉丝型用户,因此在广泛扩大平台用户基数的同时,精准定位目标群体,培养目标用户的黏性也同样重要。

(3) 提升广告质量,创新广告形式

广告收入也是内容平台盈利模式中的重要部分,而平台的流量则直接影响广告主是否愿意在平台投放广告,因此,平台应尽量做到在获得广告收入的同时不引起用户反感情绪。广告的内容质量、广告的插入形式都对用户的广告接受程度影响很大。通常情况下,用户对于所宣传产品品牌形象良好,创意形式新颖,视觉观感美观的广告普遍容忍度较高,但插入式广告出现频率仍然不应该过于密集,否则会影响用户情绪,降低平台在用户群体中的好感度。

四、课堂计划建议

本案例涉及互联网平台及其国际化战略,在课堂开始前需要学员有基本的知识储备,对此应该针对相关领域进行预习,预习内容包括:

1. 了解 UC 等平台国际市场开拓的历程。
2. 了解什么是内容型平台。
3. 下载 UC 浏览器 App,体现 UC 的内容推送。

该案例的教学时间为两个课时,约 90 分钟。

1. 学员介绍自己预习的内容(10 分钟)。
2. 播放 UC 浏览器相关视频(8 分钟)。
3. 教师引导案例阅读(30 分钟)。在阅读过程中,可以提一些小问题引导学员思考。
4. 开放式问题(30 分钟)。假设学员是 UC 浏览器的海外项目的负责人,如何进一步巩固海外市场?
5. 引导全班进一步讨论,并进行总结归纳(10 分钟)。

案例5：敦煌网——跨境电商下半场是数字贸易

敦煌网由王树彤女士于2004年创立，是领先的B2B跨境电子商务交易平台。敦煌是中国古代"丝绸之路"上的辉煌驿站，是中国丰富商品走出国门的盛大之城。敦煌网以此命名，正是承载着其创始人兼CEO王树彤女士打造网上"丝绸之路"，帮助中小企业"买全球、卖全球"的梦想。

作为中国B2B跨境电商领跑者，敦煌网自创办伊始就专注B2B赛道不动摇，更开创性地在行业内引入免注册费、"只为成功付费"的佣金制。通过整合传统外贸企业在关检、物流、支付、金融等领域的生态圈合作伙伴，敦煌网打造了集相关服务于一体的全平台、线上化外贸闭环模式，极大地降低了中小企业对接国际市场的门槛，不仅赋能国内中小产能，也惠及全球中小微零售商，并成为二者之间的最短直线。

当前，敦煌网牵手中国2 000多个产业带、1 300万种商品、190万供应商与全球222个国家和地区的1 900万中小微零售商在线交易，在品牌优势、技术优势、运营优势、用户优势四大维度上建立起了行业难以复制的竞争优势。

敦煌网是商务部重点推荐的中国对外贸易第三方电子商务平台之一，是国家发改委的"跨境电子商务交易技术国家工程实验室"，科技部"电子商务交易风险控制与防范"标准制定课题应用示范单位，工信部"全国电子商务指数监测重点联系企业"，工信部电子商务机构管理认证中心已经将其列为示范推广单位。

一、敦煌网是如何从电子产品做到全品类的？

CEO王树彤：随着平台的发展，采购商逐渐有了别的需求，我们就会基于这种需求选择供应。我们基本已经是基于平台数据来选品，让数据告诉我们应该做什么。比如，我们在平台上发现很多采购商在搜一种紫色的假发，但平台上显示零结果，这就说明在平台上没有这类供应商，我们就知道应该做什么了。我们有特别多这种案例，通过平台数据不断扩大我们的品类。

二、敦煌网的商业模式是怎样的，还是基于成功交易而收取的佣金模式？

CEO王树彤：我们的"上半场"是基于成功交易而付费，这个模式背后是以佣金为收入，完成一个交易就收取一定的佣金。相对于以前的模式，为成功交易而付费存在很大的挑战，因为以前是不管成不成功，都要先收钱，我们是别人挣钱了再收钱。"下半场"是什么？是服务，也可以说是贸易即服务。我们看到中国的供应商和全球的零售商，要在线上完成复杂的贸易，其实需要很多中间环节的服务。所以对于我们来说，"上半场"是基于流量、以佣金为主要特点的跨境电商，"下半场"我们要进入"数字贸易"，以我们的闭环体系为基础的"数字贸易"。下一阶段我们将提供各种增值服务，包括营销、支付、供应链金融、关检税汇、物流仓储、法律等各种服务。

三、敦煌网已经沉淀了十几年还未上市，是否与选择了比较艰难的赛道有关？

CEO王树彤：跟这个产业、这个领域、这条赛道都有关系。第一，跨境本身比较复杂,而且我们选择了一个平台型的模式。第二,与商业模式也有关系,这是一个先国内的 B2C、再跨境的 B2C,然后才能进入 B2B 领域的市场,这很考验企业的定力。尽管 B2C 发展比较快,但我始终认为 B2B 将是更大的市场。因为在传统贸易中,B2B 的体量是 B2C 的 6—8 倍。现在,传统贸易已经在加速向线上转移,所以我才会说风口来了。也因此虽然一直有很多质疑,包括投资人的质疑,我一直顶着压力走到现在,我相信随着数字贸易时代的到来,敦煌网会越来越凸显出自己的商业价值。

四、敦煌网以后想达成什么样的目标?

CEO 王树彤:我希望未来五年我们的交易规模至少增长 20 倍,也就是接下来五年每年交易规模保持 80% 以上的增长速度。当然,要完成这样的目标,就意味着我们将到全球更多的国家和地区去落地和扩展。同时,要达成这样的目标,我们需要一种生态的打法,在我们的平台上,不仅需要采购商的增加、供应商的增加,也需要品类的增加,还需要在平台上增加很多的服务、很多的科技、很多的投资和融资的服务,只有这样才能够产生生态的协同效应,才能够爆发式地增长。

案例使用说明:

敦煌网——跨境电商下半场是数字贸易

一、启发思考题

1. 敦煌网在盈利模式、支付模式、运营模式、物流模式等方面是怎样的?
2. 敦煌网的"下半场"是"数字贸易",即在提供交易机会的同时,提供各种增值服务。对此,你有什么建议?

3. 敦煌网"数字贸易"的一个重要方面是开展供应链金融。什么是供应链金融?

二、分析思路

1. 敦煌网在盈利模式、支付模式、运营模式、物流模式等方面是怎样的?

该题帮助学员全面地理解敦煌网这一跨境B2B平台的运转模式。

2. 敦煌网的"下半场"是"数字贸易",即在提供交易机会的同时,提供各种增值服务。对此,你有什么建议?

该题帮助学员思考:数字贸易应包括哪些层面,以及如何推进数字贸易。

3. 敦煌网"数字贸易"的一个重要方面是开展供应链金融。什么是供应链金融?

该题帮助学员理解什么供应链金融,它怎样解决供应链中的融资问题。

三、理论依据和分析

1. 敦煌网在盈利模式、支付模式、运营模式、物流模式等方面是怎样的?

（1）盈利模式

敦煌网采用的收费战略是针对买家的。通过买卖双方都能够免费注册成为这网站的会员,贸易协商后实现双方买卖成功下单后,依据单笔贸易的金额向买家收取按比例的佣钱作为敦煌网的服务费,其费用比例通常为交易额的3‰～12‰。与此同时,根据各大行业的收益,做出了不同行业不同收费,以这样的手段来维持平台的运行费用。除此之外,敦煌网还有两大收入来源——为会员用户提供了增值服务和广告服务。所谓的增值服务就是将多种的功能、资源和服务进行优化整合,组合成各种不同的产品,用户可以根据自己的需求进行选购。目前,敦煌网提供的增值服务主要是"增值包"服务,该服务分为黄金礼包、白金礼包和钻石礼包,购买此产品的用户与一般的免费注册用户相比,在产品的展示页面和产品类,店铺功能和在线咨询工具等诸多方面,都有着其特定的优势,根据自身不同所需,可以选择不同的礼包,礼包的价格分别为黄金礼包每年 4 800 元、白金礼包每年 9 800 元、钻石礼包每年 16 800 元。从 2004 年敦煌网开始了新型的盈利模式后,我国各大型跨境电商平台纷纷模仿。

(2) 支付模式

敦煌网提供平台进行交易,它作为第三方平台提供了卖方的收款和买方的支付功能。敦煌网为用户提供多个海外国家的支付方式,用户需要使用电子银行汇款到指定账户完成交易,敦煌网之所以能做到这样,是因为它与多个海外支付机构有着合作关系。除了信用卡外,用户还可以使用银证进行支付,这样的话可以免除很多转支付手续费。比较多的海外大型支付机构都和敦煌网保持着长期的合作,例如 Western Union、Global Collect、World Pay、Moneybookers 等。因此,用户可以信任平台,并且通过平台进行支付,一是保障了买卖双方的利益,二是平台通过成功交易获取利益。

(3) 运营模式

敦煌网络的运营模式相对较新,它不使用会员支付,而是采用第三方保证模式,即平台不仅是显示产品的接口,而且作为参与者参与交易。在贸易的过程中,敦煌网会对贸易的过程进行监督,并且作为第三方平台代收买方货款,如若买卖双方出现纠纷,作为第三方进行协商调解。敦煌网除提供商品展示的平台和有着极强的推广服务外,还拥有着信用担保和交易过程监督服务。敦煌网以贸易服务作为最主要的服务,除此之外,还提供了信息整理服务、支付模式和物流模式等内容作为整体贸易服务,并在单笔买卖完成后收取佣钱。

(4) 物流模式

敦煌网采用海外直发的物流模式。根据上文所述,其主要客户和服务对象基本为中小商户,贸易金额也相对来说比较少。因此,对于这些企业而言他们制造时间少、库存压力没有那么紧张,货币贬值或升值等外界环境因素不会对企业造成巨大的冲击,面对风险有着极强的抵抗能力。但是相对而言,对于这些中小型企业国际运输的长途性和复杂性,以及物流费用等原因,让这些企业面临着巨大的支出。

2. 敦煌网的"下半场"是"数字贸易",即在提供交易机会的同时,提供各种增值服务。对此,你有什么建议?

(1) 做好维持平台的第三方工作

平台的第三方工作在跨境电子商务运行中有着极其重要的影响,做好维持平台的第三方工作,可从以下几方面进行:第一,敦煌网平台的日常推广。第二,利用商户在平台的个人资料、经营情况和交易记录等,建立自有信用系统,对用户进行信用分级评定。第三,核查用户的支付信用,确保用户的资金流动,保证支付安全,减少交易纠纷。第四,不断更新并增添新功能,满足平台发展需要客户共同需求。第五,加强和完善平台后台监管工作。在交易的过程中,实时监控平台的多单交易,对双方发生的交易纠纷通过后台大数据和具体情况做出针对性的解决方案。

(2) 提供优质的平台服务

敦煌网平台服务可以从以下方面进行加强:第一,继续加强完善信息平台服务,不断开发新功能,优化平台智能数据分析服务和多种语言多种文化平台服务,根据买卖双方所在地区文化和综合商品出售情况,对用户进行销售提醒,促进交易成功,减少文化冲突的纠纷;第二,完善页面更新,根据不同的国家和不同的文化,对网页的页面进行更新,突出所在国家的文化,减少客户交易的异地感和增强客户对平台的黏合度;第三,保证商品质量,抵制假货、高仿产品进入,维护平台自身形象,提高竞争力。对卖家进行商品的定期核查,避免伪劣仿冒产品的出现,保证卖家所获取的商品拥有一定的质量;第四,完善物流模式服务,在保证商品质量和原有的物流服务的基础上,增加物流市场信息快速更新服务和建立一个企业、物流、平台的信息系统;第五,提供安全便捷的支付消费服务,减少支付时出现的不安全问题;第六,完善供应方金融服务体系。

(3) 加强各环节的联系,提高信息一体化程度

敦煌网在做好维持平台第三方工作、提供优质的服务外,还需加强各环节相互联系,提高信息一体化程度。由于受到传统电商的运营方式和管理方面的影响,虽然敦煌网在发展过程中形成了盈利模式、支付模式、运营模式和物流模式等四大先进模式,但整体管理没有集约,企业在收集信息、物流协调、资源共享、智能服务等方面各自为战,相互之间缺乏有效的联系,形不成规模和专业化优势,当双方遇到问题时,大家不能提供一个较为完整的专业解决方案,不能完全满足买卖双方交易社会化和专业化的要求。例如,通过敦煌网进行购买某一商品,商品支付后,企业从仓库发货,但是发货途中遇到商品丢失情况,这会给用户带来不好的体验。所以,为了避免以后这样的情况发生,加强各环节相互联系,提高信息一体化程度势在必行。

3. 敦煌网"数字贸易"的一个重要方面是开展供应链金融。什么是供应链金融?

近年来,全球产业运作模式悄变,上下游企业联系日益紧密,其逐步演变成了更具体高效的企业间联合分工合作的体系。此时,供应链金融应运而生,正满足了目前产业的需求发展。供应链金融主要针对供应链上的大量中小企业,以链上行业龙头企业的资信和资金优势为基础,对整条供应链上的信息数据、物流动向、融资需求进行整合,并为供应链上有融资需求的企业提供全方位的服务。供应链金融作为一种创新的融资方式,打破了原有中小企业整体实力和资信水平不高的局限性,将供应链上各个关联企业视为一个整体,转变以往银行等金融机构以单个企业为单位的授信审查审批模式,拓宽了金融机构的业务渠道,为广大中小企业融资难提供了全新的方案。

供应链金融组织结构大致包含四层架构:供应链上的中小企业为供应链金融源,商业银行、物流企业、供应链管理企业、B2B平台等为供应链金融实施主体,供应链金融资金提供方大多为商业银行、小贷公司、P2P公司等,

以及供应链金融基础服务包括融资产品、信息化服务、行业资讯等。

敦煌网"电商数据贷",即是专为中小电商解决融资问题的大数据金融服务综合性平台。此大数据平台中收集了大量以往的交易信息,能够快速匹配,提供高效的融资服务。借款用户仅需在线提交个人有效身份信息与一个或多个不同平台的店铺经营数据即可进行实时授信,进而更加高效快捷地为用户解决资金周转问题。

四、课堂计划建议

本案例涉及跨境电商B2B平台、"数字贸易"等内容,在课堂开始前需要学员有基本的知识储备,对此,应该针对相关领域进行预习,预习内容包括:

1. 了解什么是跨境电商B2B平台,了解敦煌网的创业历程和发展现状。

2. 了解敦煌网快速发展的原因以及存在的风险。

3. 登录敦煌网网站https://dhgate.com和https://seller.dhgate.com,在线浏览商品,并了解商户的入驻规则和交易规则。

该案例的教学时间为两个课时,约90分钟。

1. 学员介绍自己预习的内容(10分钟)。

2. 播放敦煌网的相关视频(8分钟)。

3. 教师引导案例阅读(30分钟)。在阅读过程中,可以提一些小问题引导学员思考。

4. 开放式问题(30分钟)。让学员分组讨论案例,假设他们是敦煌网的CEO,面临困境时需要进行哪些决策与思考,对公司未来发展有什么设想等。

5. 引导全班进一步讨论,并进行总结归纳(10分钟)。

案例 6：国货成精："老干妈"是如何变成玛丽莲·梦露的？

"老干妈"是公司创始人陶华碧女士白手起家创造的品牌。1984年，陶华碧女士凭借自己独特的炒制工艺，推出了别具风味的佐餐调料，令广大顾客大饱口福，津津乐道。1996年，陶华碧董事长在贵阳龙洞堡创办工厂生产风味豆豉产品，批量生产后在全国迅速成为销售热点。通过近 20 年的发展，"老干妈"已经成为海内外华人脍炙人口的辣椒调味品品牌。2012 年 7 月，美国奢侈品电商 Gilt 把"老干妈"奉为尊贵调味品，限时抢购价 11.95 美元两瓶。在美国销售的"老干妈"绝对算得上是"来自中国的进口奢侈品"。

今天，"老干妈"公司已拥有分布在贵州省内的三个生产厂区，总面积达 750 亩，员工近 5 000 人。每一天，"老干妈"人都为超过 200 万以上的消费者提供多种美味、健康的产品。热爱生活的人们对美味无止境的追求就是"老干妈"人努力工作的无穷动力，顾客持久满意并认可就是"老干妈"人的奋斗目标。

2018 年 10 月 29 日，星期一，"老干妈"总经理助理李鑫造访了阿里巴巴西溪园区。在那里，他与天猫的员工进行了一场数小时的交流。他怀揣三个目的而来，一是来学习，二是想探讨一下如何处理网上侵权的问题，三是探讨一下如何与天猫一起拓展海外市场。这是李鑫第一次造访阿里巴巴。李鑫回到贵州的第二天，是10月31日，当天"老干妈"的微信公众号推送了《越经典约（越）潮流，天猫双11十周年来了》。在此之前一年多时间里，"老干妈"只推送了四条消息，一条是2017年的国庆问候，三条是招聘信息。

一张充满了波普风格的海报颠覆了"老干妈"的形象，使它从一个静态的商标变成了一个充满动感的艺术造型。人们看到了一个不一样的"老干妈"，还有一个不一样的"陶华碧"。超市货架上的那个"老干妈"，摇身一变成为潮流中的"老干妈"。对于人们的味觉记忆和心理认知，这不仅仅是一场剧烈变革。"老干妈"毫无疑问是一种国民味道，而"陶华碧"则是国民的"老干妈"。每个人的记忆中都有一个"陶华碧"，就像每个人的味蕾，都曾体验过"老干妈"的抚慰一般。在中国，在天猫，"老干妈"是寻常的生活，是日子的飘荡；在美国，在亚马逊，"老干妈"是网红，是中国味道，是记忆和怀念。美国人将"老干妈"翻译成"Lao GanMa"或者"The Godmother"。亚马逊上充满着对"老干妈"的褒奖与膜拜；2012年7月，美国奢侈品电商Gilt甚至将"老干妈"奉为尊贵调味品，称之为"来自中国的进口奢侈品"。"老干妈"曾经距离互联网和电子商务非常遥远，对新媒体和新商业模式并不敏感。"老干妈"天猫旗舰店也是不久前在当地政府的推动下才建立的。陶华碧与她的孩子们一门心思只想做好油制辣椒和风味豆豉，从来没想过如何在互联网上扩展自品牌，更没想过有一天成为"网红"。"老干妈"封闭保守、自得其乐，以龙洞堡的方式享受着被举国爱戴的乐趣，他们拥有巨大的自驱力和内心世界。天猫，用一场"国潮行动"，用一次跨界，改变了"老干妈"。

2017年4月24日，国务院印发《国务院关于同意设立"中国品牌日"的批复》，同意自2017年起，将每年5月10日设立为"中国品牌日"。中国的媒体将注意力聚焦到了"中国品牌"上，而领导人们则纷纷站出来为国家品牌呐喊、助威。天猫品牌部的锦雀开始筹划做点儿什么。她想，中国品牌现在获得了国家政策支持，天猫作为一个全球品牌的汇聚地，应该找一个切入点来支持中国品牌。他们五个人组成了一个小组,选择了"文化"作为切口。他们的初衷很好,但很快就发现,拿"文化"去跟消费者沟通,"距离有点远,他们感知会比较弱"。2018年,他们调整了策略,将文化与潮流结合在一起,帮助中国品牌去跟国际接轨和交互。原来的"天猫国货有好货"变成了"国潮行动"——中国潮流。

2018年9月9日,"老干妈"来到了纽约。9月9日至9月11日,是2019春夏纽约时装周的"中国日"第二季活动。天猫这次搞了个"中国日快闪店"。在纽约,天猫联合全球顶尖潮流买手店Opening Ceremony(OC)打造了一个"天猫国潮厂牌店",精选了很多具有中国文化特色的优质品牌。其中最引人瞩目的非"老干妈"莫属,不是"老干妈"的油制辣椒与风味豆豉,而是"老干妈"卫衣。四十件印有"老干妈"头像的卫衣风靡了纽约,也因此由互联网的传播而风靡了整个世界。袖子上的"国民女神"四个大字诠释了"老干妈"的影响力。很多品牌是因为相信"国潮行动"而主动寻求天猫的撮合,但"老干妈"不是——是天猫主动跑到贵阳去说服"老干妈"参与跨界。"天猫小二"第一次去拜访"老干妈",发现"老干妈"烹煮食材的方式还是用炭火,办公室里挂满了"福"字。

彼此双方充满了好奇,大抵的对话节奏是:

天猫:"你们现在还是炭火加热人工炒?"

天猫:"现在还是现款现货不赊账?"

老干妈:"大润发是你们的?"

老干妈:"你们还有线下生意?去年双11你们卖了1 600多亿!"

"老干妈"给"天猫小二"带来了认知挑战,同样,巨大的挑战是"老干妈"对天猫的疑惑与警惕:你们为什么要上赶着来帮我?你们给我导流、免费为我营销到底图什么?天猫想帮助"老干妈"潮起来,就必须解答"老干妈"的疑虑。

锦雀说:"'老干妈'没有感觉到自己品牌是个资产,它就觉得我的资产是我这些货,我做出来这些货你拿去卖,这就是我的资产。但是我们觉得

'老干妈'品牌本身就是很好的资产,无论创始人传奇经历、创始人的政治地位,还是创始人日常出行阵仗,大家都感觉是神秘的存在,消费者也愿意讨论进来。老干妈是非常强的品牌。只是它还在品牌启蒙阶段,需要天猫推它一把。""老干妈"终于被说服了。在纽约,"老干妈"与OC联名的订制卫衣出现了。一周后,9月18日,"老干妈"在其天猫官方旗舰店挂出售价为1288元的"99瓶老干妈＋OC定制卫衣"套餐,一上架便被抢购一空。另外,"老干妈"OC定制围裙也已售罄。

　　"老干妈"卫衣上的国民女神头像呈现出模糊状态,这是因为陶华碧只有那一张年轻时的照片,印在了玻璃瓶上,成为"老干妈"的商标和LOGO。人们不可能让年老的陶华碧重新拍出年轻的照片来。锦雀说:"没有精细化的LOGO,我们把'老干妈'一放大就糊了,有一种马赛克的效果,大家觉得这是艺术。"纽约时装周上的"老干妈"赢得了更大范围的关注与认同。低调的陶华碧从不接受采访,也不参加活动,但是她接受了互联网。"老干妈纽约时装周跨界款"让她觉得"老干妈"的国际形象得到了提升。在开了一场高管会议后,她派出李鑫造访阿里巴巴,与天猫探讨更进一步的合作。2018年10月29日,李鑫来到了西溪。两天后,波普风格玛丽莲·梦露版的"老干妈"出现在了"老干妈"的微信公众号上,"老干妈"迅速成为一种效应。

　　锦雀说:"天猫做得最多的是数据赋能。""如果品牌营销往前推,产品还没开发,我怎么样把这个产品推给消费者,最后完成售后服务一整个闭环？我们前期做的是数据库,告诉品牌方消费者需要什么;中期给品牌方包装所有故事,在恰当的时机把产品推给消费者;最后我把售后数据反馈给品牌方。天猫销售上已经形成很好的闭环,无论对于国际大牌也好,国产品牌也好,天猫是整个中国品牌营销最大一个阵地。在天猫上所有投放都是可见的,所有的回馈都是可见的。"天猫最终不但影响到了商家的零售环节,还影响到了制造环节。周九说:"因为天猫提供的数据,商家可以通过数据进行消费者画像,针对消费者潜在需求进行供应链管理。"

案例6:国货成精:"老干妈"是如何变成玛丽莲·梦露的?

案例使用说明:

国货成精:老干妈是如何变成玛丽莲·梦露的?

一、启发思考题

1. 如何从价值创造视角看待互联网催生的跨界经营现象?
2. 结合"老干妈"的案例,谈谈互联网思维的特点是什么?
3. 如何理解互联网文化消费的创新模式?

二、分析思路

1. 如何从价值创造视角看互联网催生的跨界经营现象?

该题帮助学员理解:从价值创造视角如何看待互联网催生的跨界经营现象。"互联网+"本质是实体经济与互联网经济相融合的"跨界经营"现象,并成为当今企业商业模式创新的基本背景。

2. 结合"老干妈"的案例,谈谈互联网思维的特点是什么?

该题帮助学员理解:互联网思维的特点。传统制造业一直以来都是以大规模生产为主的,这种生产方式延续了上百年,但是在互联网思维强势来袭的时代,它面临巨大的挑战。

3. 如何理解互联网文化消费的创新模式?

该题帮助学员理解:互联网文化消费的创新模式。消费方式与生产方式关系紧密,互联网对生产关系的重新配置与改变集中体现为新消费模式的不断涌现。

三、理论依据和分析

1. 如何从价值创造视角看互联网催生的跨界经营现象?

从价值创造视角看,"互联网+"实质是一种跨界经营现象。"跨界

51

(Crossover)"一词最初指跨界音乐。自 1999 年 Puma 与 Jil Sander 首度以"跨界合作"一词推出高端休闲鞋,该词逐渐演变为今天的跨界经营(Crossover Administration)。尽管学界对跨界经营还没有一个准确的定义,但这里认为,跨界经营实质是价值链环节解构与"跨链"重组的共生现象,即不同产业、不同技术、处于不同经营环境的企业,借助品牌内涵、关键技术、消费需求等因素的关联性,通过深度合作而实现企业间联合发展,强调企业借助本产业外价值链中的要素,重新排列和整合自身价值创造过程,从而在原产业中创造出全新的价值创造方式以增强竞争力。就目前实践来看,跨界经营可分为三种类型:高新技术向传统产业的渗透融合、传统产业间的延伸跨界、产业内部行业间的跨界经营。必须注意,跨界经营在形式上似乎与多元化经营相似,但二者完全不同。传统战略理论中的多元化经营是战略管理学家安所夫(1957)所说的"用新的产品开发新的市场",是英国经济学家彭罗斯(1959)认为的"企业在保留既有业务的同时,开展若干新产品的生产",其实质是美国经济学家鲁梅尔特(1974)强调的"培植新的优势并分散经营风险"。对照跨界经营的定义,这里总结:(1)跨界经营并不像多元化经营一样分散经营风险,反而容易因为在本领域中引入自身并不熟悉的外部要素而增加风险。(2)多元化经营并不能创造出新技术、新产品和新商业模式,多元化仍然使企业在新进入领域中与在位企业展开"红海"竞争,跨界经营则依托两条价值链中关键环节的整合形成新的价值创造方式,从而在原产业中实施"蓝海战略"。(3)跨界经营与多元化经营都涉及企业与新进入领域中的其他企业结盟,但多元化经营中的企业联盟是传统的横向联盟(同行企业间为形成垄断势力而增强其在上下游的议价能力相互结盟)和纵向联盟(上下游企业间为增进价值链流程效率而联盟);跨界经营中的企业结盟则是企业与产业外的其他企业结盟,他们既不是上下游关系,也不能形成局部的垄断结构,属于一种普遍意义上的开放式创新。譬如,iPod 就是跨界经营的产物。作为硬件制造商的苹果公司借由 iTunes 音乐商店跨界音乐产业而创造的全新商业模式,数字音乐下载模式使 CD 行业利润骤减。

相比之下,如果苹果公司采用多元化战略进入音乐产业,则更可能成为该产业链中的唱片公司、经纪公司等实体。

因此,互联网催生的跨界是实体经济价值链环节解构并与互联网价值链"跨链"重组的共生现象,目的是使互联网及IT企业与传统产业的各个环节相互融合,通过建立紧密联盟关系来进行技术渗透并改变传统产业的价值创造方式。实体企业凭借IT技术而创造出新产品、新技术或新的商业模式,进而重新排列和整合自身价值创造过程,从而在原产业中创造出全新的价值创造方式以实现"创造性破坏"。

2. 结合"老干妈"的案例,谈谈互联网思维的特点是什么?

当今的信息技术发展迅速,互联网的应用越来越广泛,信息交换与传递的速度也随之加快,企业利用互联网平台的成本降低,为了更好地服务客户,满足客户需求,企业就必须与客户有更多的互动与交流。互联网思维的特点如下:

(1) 以消费者为中心

许多的传统企业以产品为中心,而不注重消费者的感受与反馈。互联网思维最重要的特点就是以消费者为中心。这个核心特点不仅仅体现在企业的品牌维护上,更是深入到了企业的市场定位、产品开发、营销方式等各个方面。"老干妈"与天猫的跨界合作体现了双方依托大数据发现、获取用户需求,并用创新的产品和服务满足需求。

(2) 注重客户体验

许多企业设计出了很好的产品,但是并不一定会获得消费者的认同,一部分原因是缺乏客户体验,没有与客户互动。而互联网思维则是将客户纳入产品的设计过程中,让客户参与产品的设计。"老干妈"与天猫的跨界经营合作以新颖的方式使食品类的老品牌与时尚关联到了一起。

(3) 资源的整合与利用

利用互联网可以获取更多的信息和资源,并且可以开发很多平台,将这些资源平台进行整合,就会产生不同的效果,可以更好地为企业服务。"老干妈"与天猫的跨界经合作,就是传统企业借助平台焕发的新活力。

3. 如何理解互联网文化消费的创新模式?

消费方式与生产方式关系紧密,从生产与消费的关系来说,不仅仅消费的对象,而且消费的方式,都是由生产所创造和决定的。这也就意味着,新的生产技术不仅仅为人们提供新的文化消费产品,其实在技术应用的背后隐藏着消费者行为的根本变化。互联网是当代文化产业生产的重要载体,所以,某种程度上互联网也决定了文化消费的路径与模式。从目前互联网文化产业的消费实践来看,互联网对生产关系的重新配置与改变集中体现为新消费模式的不断涌现。

(1) 电商平台消费模式。互联网平台是文化与科技融合发展的重要基础性设施,是培育、发展和展示文化科技型产业的重要载体,在互联网文化产业的生产与消费中发挥着重要的支撑作用。互联网电商是平台为王模式的重要体现。

(2) "线上+线下"一体化消费模式。互联网进入数据化、智能化的发展阶段之后,商家可以利用大数据等先进技术对线上和线下的用户群体相貌进行综合分析和挖掘,并以此为基础对用户进行细分和定位,并针对用户不同场景的需求对生产、商品、销售进行优化调整和服务升级,优化完善消费者的场景体验。

(3) 垂直传播消费模式。在互联网文化消费领域,垂直传播消费模式是指依托互联网,将消费信息直接传递给某一类人群,或者说,垂直传播消费模式往往限定在某一特定人群对某一特定领域的特定需求。

(4) IP产业和IP消费模式。IP(intellectual property)即知识产权,本意是通过智力性劳动获取劳动成果并对成果依法享有的专有权利,运用在文化产业的运营中,泛指具有特定品牌影响力和能够可持续性挖掘的文化资源。以IP为核心所创造的文化消费,主要体现在以文学、动漫、影视剧为核心IP的产业链拓展与延伸。这种消费模式通过核心IP所积累的粉丝群体,辅之以衍生产品和周边产业的消费拉动,将粉丝崇拜转化为消费力,提升了文化产品的变现能力。

（5）众筹消费模式。众筹模式是近年来伴随着互联网文化创意产业的发展而兴起的产业筹资模式，因其具有门槛低、多样化、草根性和创新性等特点，众筹模式一经出现便受到投资者、生产者和消费者的青睐。众筹消费模式推动了互联网对文化消费和文化生产市场要素的优化配置与整合。

四、课堂计划建议

本案例涉及"老干妈"的跨界经营，对于学员来讲是一个比较新的领域，所以在课堂开始前需要学员有基本的知识储备，对此，应该针对相关领域进行预习，预习内容包括：

1. 理解什么是跨界经营，"老干妈"原有的商业模式和渠道，了解"老干妈"在互联网时代做了哪些创新并分析其特点。

2. 了解国内其他参与互联网跨界经营的企业或产品。

3. 登陆美国亚马逊网站 http://www.amazon.com/，搜索"老干妈"辣酱相关产品，并浏览产品下的留言与评论，了解"老干妈"在国外消费者中的口碑和认知。

该案例的教学时间为两个课时，约 90 分钟。

1. 学员介绍自己预习的内容（10 分钟）。

2. 播放腾讯视频、优酷网上有关老干妈和时尚主题的视频（8 分钟）。

3. 教师引导案例阅读（30 分钟）。在阅读过程中，可以提一些小问题引导学员思考。

4. 开放式问题（30 分钟）。让学员分组讨论案例，假设他们是"老干妈"的 CEO，面临互联网时代的跨界经营时需要进行哪些决策与思考，对公司未来发展有什么设想等。

5. 引导全班进一步讨论，并进行总结归纳（10 分钟）。

案例7:"环球易购":多举措对供应链全方位升级

深圳市环球易购电子商务有限公司(以下简称"环球易购")创建于2007年,已于2014年9月份与百圆裤业(2015年6月12日起更名为跨境通)并购上市(A股代码002640),总部位于深圳市南山区,现有职员工3 000多人。

出口方面:环球易购在服装电子等多个垂直品类拥有全球知名的跨境B2C销售网站,公司业务多年来一直保持着100%以上的增长速度。2011年销售额为798万元,2012年销售额为1.98亿元,2013年销售为4.66亿元,2014年销售额为14.7亿元,2015年销售额为37.12亿元。

进口方面:五洲会海淘项目是环球易购旗下重金打造的全球商品线上线下分销平台,主营进口零食酒水、营养保健、母婴用品、美妆护肤、家居个护、生鲜冷链等类目;线上渠道(包括B2C垂直电商平台、B2B分销等)、线下O2O项目(五洲会全球精品生活超市等)。环球易购未来将在目前产品品类的基础上,不断丰富和拓展新的产品品类,为全球消费者提供更多选择。

受益于政策扶持和中国制造业的竞争优势,中国的跨境电商行业将保持快速增长的态势。根据艾瑞咨询集团(iResearch)的预测,未来三年中国跨境电商交易规模将达65 000亿元,交易规模复合平均增长率达29.66%,

行业目前正处于爆发的蓬勃发展期。

一、对环球易购来说,供应链会进行哪些升级?升级过程中会遇到什么问题?

供应链升级是为了更好的客户体验,环球易购供应链会进行供应资源、产品结构、整体服务、成本优化、品牌运营等全方位升级。目前,环球易购已经可以为合作供应商提供精准的产品市场预判和专业质检,新品3~4天即可上线销售,开放共享产品流量、转化率、销量、库存、客诉信息等数据,给予站内活动、站内外广告等多维度推广支持,并通过Facebook、Google、邮件、论坛等多渠道推广,保证高流量曝光。

升级过程中会遇到的问题有很多,主要问题如资源匹配、结构调整、服务提升、成本控制、品牌推广。要解决好这些问题,以下三个方面的动作必须做好:一是打造规范高效、有竞争力的供应链基础;二是建立环环相扣、快速响应的联动机制;三是结合市场不断调整方向、持续优化。

二、环球易购供应链的升级,是否会带来成本的提高?供应链升级带来了哪些效果?

供应链升级是全面的改善而不是片面的提高,它会带来局部成本的变化,但整体成本未必会提高。例如,增加招商成本,选择合适的供应商,后期合作供货及时、产品质量稳定,客户退款及售后成本降低,这两个成本之间存在一个平衡,而且这个过程中还多了客户体验和口碑的提升。

以自动化为例,环球易购近两年在供应链体系大力推进自动化管理,效果显著:

（1）产品营销周期精准预测：综合产品过往营销数据、销售淡旺季、产品生命周期、节假日、搜索热度等影响因素，做到精准预测产品未来营销周期；

（2）采购流程自动化：实现竞标自动化、订单自动化、合同自动化，在丰富了供货关系的同时，全面节省人工环节，减少信息错误，提高工作效率。其中，采购部分系统自动发起的SKU竞标覆盖了50％的供应商；订单自动化中，小金额订单基本全部覆盖；系统自动生成合同的覆盖与准确度高达100％，仅此项系统就为采购员人均节省时间80分钟/天。

（3）备货管理自动化：监控相关环节数据波动，提前预警、提前调整；降低备货计算成本，提高备货效率。

三、在"产品升级"的背景下，环球易购怎样进行供应商管理？

"产品升级"本质上是由市场推动的，市场要求整个跨境出口行业进行产品升级，在这个过程中能抓住机遇、不断革新的企业才能逐步胜出。环球易购会通过供应商合作平台，对系统注册的合作供应商进行分级标签化、智能化管理。能把握市场、响应市场、满足市场的供应商，在与环球易购的合作上必然有更多的可能性，而与此同时，环球易购也会鼓励并协助部分落后的供应商提升能力，共同成长。

四、环球易购如何平衡海量SKU与商品质量的关系？

解决这个问题，要求每个SKU能找到自身的定位，根据定位明确产品的标准，结合标准选择优质的合作伙伴，多个方面结合起来，海量的SKU并不难平衡。

案例7："环球易购"：多举措对供应链全方位升级

案例使用说明：

环球易购：多举措对供应链全方位升级

一、启发思考题

1. 为什么环球易购要进行供应链升级，我国跨境电商供应链发展有哪些阻碍？

2. 环球易购正打造"环环相扣、快速响应的联动机制"，这与柔性供应链的概念是一致的。什么是柔性供应链？

3. 结合其他资料，发掘环球易购的供应链管理究竟有什么独到之处？

二、分析思路

1. 为什么环球易购要进行供应链升级，我国跨境电商供应链发展有哪些阻碍？

该题帮助学员理解环球易购进行供应链升级的动因，了解跨境电商供应链发展的痛点。

2. 环球易购正打造"环环相扣、快速响应的联动机制"，这与柔性供应链的概念是一致的。什么是柔性供应链？

该题帮助学员理解供应链和柔性供应链的概念，使学生对这一抽象的概念形成形象、具体的认识。

3. 结合其他资料，发掘环球易购的供应链管理究竟有什么独到之处？

该题帮助学员加深对环球易购供应链升级的认识，并对现代零售企业供应链的管理手段形成初步的认识。

三、理论依据和分析

1. 为什么环球易购要进行供应链升级,我国跨境电商供应链发展有哪些阻碍?

(1) 货源乱,真假商品混杂

跨境电商平台,尤其是B2C平台对商家提供的商品准入门槛很低,由此造成了很多假冒伪劣商品甚至是洋垃圾混迹在交易平台上,而且商家还信誓旦旦地承诺所售商品绝对"正品"或"品牌代购"。买家特别是一些个人买家,辨别不出来商品的真假,往往上当受骗还不自知。长此以往,会造成顾客流失,跨境电商平台信誉和形象受损,不利于跨境电商的发展。

(2) 缺乏电子支付专门监管体系、支付风险大

目前,我国关于电子支付方面的相关法律、法规以及市场监管仍处于相对空白,电子支付风险重重。特别是跨境的资金流动,涉及汇率、不同币种以及各国文化、语言、地域、法律不同而产生的各种障碍,使得跨境交易支付比国内网络支付面临着更大的风险。跨境交易还要缴纳手续费,甚至有可能滋生专业欺诈团伙和跨国洗钱行为。

(3) 跨境商品通关手续繁琐、税负重

在贸易通关模式下,商品进出口手续较为繁琐,还要缴纳商品关税、消费税和增值税等,税负较重。当前跨境电子商务发展火热,每天都有大量商品进出海关,每一件商品都要进行一系列的入关或出关手续,缴纳重重税收,造成商品的通关效率低,成本增加。

(4) 流通成本和流通效率还有待提高

跨境商品关税重、通关手续繁琐造成了流通效率低、流通成本高,不利于跨境电商的进一步发展。此外,当前我国的物流体系还不够完善,系统内条块分割现象比较严重,各个环节自成体系,难以实现信息的交换和共享,难以形成完整通畅的供应链。据调查,我国网民对跨境电商交易的满意度很低,仅为39%左右,低于国内电商交易60.2%的满意度。网民对跨境电商

交易不满意的地方主要集中在物流费用高、物流慢、退换货麻烦、假货多这几个方面。

2. 环球易购正打造"环环相扣、快速响应的联动机制",这与柔性供应链的概念是一致的。什么是柔性供应链?

柔性供应链能有效处理或缓解因内外部因素而引起的不确定问题。简单来说,就是抵御和处理供应链上企业变化的一种能力,包括适应能力、应变能力、缓冲能力和创新能力。这些能力贯穿供应链的生产、供应、物流以及信息传递全过程,并且在企业研发、组织设计、战略决策和文化构建方面也有所体现。

从供应方面来看,其柔性体现在:当材料供应商或者经销商、分销商供应不够或订单需求改变时,具有柔性供应链的企业就能够及时、适当调整生产计划,通过改变产品组合或提高服务质量的方式来满足客户需求。供应的柔性还体现在采购管理和备货管理的自动化,即通过自动化减少了各环节衔接所需的时间,提高了供应链快速反应的能力。

从信息传递方面来看,其柔性体现在:信息可重组、可共享、可拓展,更为透明、公开,使供应链上的企业能及时获取有用的信息,并据此做出生产、销售调整。环球易购开放共享产品流量、转化率、销量、库存、客诉信息等数据,给予站内活动、站内外广告等多维度推广支持。

从研发方面来看,其柔性体现在:企业能够及时获取市场变化信息,并根据最新的市场变化研发出新的、更符合当前消费者需求的产品。良好的研发柔性使供应链上的企业能够及时发现新的市场需求,并能不断地采用新科技、新方法提高研发柔性。

从企业组织方面来看,其柔性体现在:企业组织结构是动态、扁平化的,扁平化组织对市场的反应更为灵敏,能对市场变化及时调整和适应。

除此之外,供应链的柔性还体现在柔性合作关系、柔性合同、柔性利益分配、柔性人力资源等方面。总而言之,企业内外部各方面都是柔性的,才能够满足现代跨境电商的发展需求。

3. 结合其他资料,发掘环球易购的供应链管理究竟有什么独到之处?

(1) 及时高效的 OMS 订单管理系统

无论是电商网站还是平台,客户创建的订单都必须及时处理、实时追踪,并要能随时调用。对于一个大型电子商务网站,还需要有足够的容量。所以,OMS 订单管理系统是必不可少的。该公司 OMS 系统为提高订单处理效率,降低订单处理失误率,提升顾客与业务部门的满意度,对订单处理流程进行优化梳理,通过细化、优化处理规则,提高在自动审单、自动派单、批量操作等方面的效能,减轻人工审核数量及压力,有效提升业务部门的工作效率,节省运作时间和作业成本,提高物流企业的市场竞争力。

(2) 详细全面的 WMS 仓库管理系统

目前,该公司在国内外多个地区都设有仓库,如果不加以系统地管理,就无法及时更新自己的库存,无法提高仓库使用效率。公司应结合自身实际情况和管理经验,建设能准确、高效地管理每一个仓库中所有货物的系统。

(3) 方便易行的 PDM 产品管理系统

环球易购拥有约 25 万种商品,这些产品都必须经过公司开发的 PDM 管理系统才能进行销售,否则这些产品无法被网站管理人员及时看到,就无法及时上线,不仅占库存,也影响了产品的销售。开发 PDM 系统目的就是统一管理产品信息。

(4) 清晰快捷的 SMS 客户支持系统

依据电子商务的特点及公司自身的需求,SMS 系统主要用于客服对用户问题(ticket)的处理,包括 ticket 自动分配、ticket 处理页面状态页面、公用模板等,通过客户支持系统可以根据用户问题的级别来判断是否优先处理,也可以清楚地了解客服的工作量。此系统的使用人员大多是公司客服,所以 SMS 客户支持系统应当操作简单,能对客户提出的问题、建议进行记录。

(5) 独立安全的 PMS 采购系统

公司要扩大自身经营,供应商是重点。商品种类越丰富、产品质量越有保证,吸引的客户就越多。供应商相关资料管理越清晰,二次合作就越及时,财务也越透明。如果这些供应商相关信息存放在购买的 ERP 管理系统或者其他公司、团队开发的系统中,可能造成信息泄露,给公司及供应商带来一定的安全隐患,独立开发的 PMS 供应商系统就很好地避免了这些隐患。

四、课堂计划建议

本案例涉及的环球易购与百圆裤业的并购案例是大背景,且本案例中跨境电商供应链和"供应链升级"也是一个比较抽象的概念,所以在课堂开始前需要学员有基本的知识储备,对此应该针对相关领域进行预习,预习内容包括:

1. 了解环球易购和百圆裤业的并购案例。

2. 理解什么是供应链和供应链管理,分析环球易购供应链升级的背景。

3. 登陆环球易购网站 https://www.globalegrow.com/,浏览其旗下网站并体验在线服务业务。

该案例的教学时间为两个课时,约 90 分钟。

1. 学员介绍自己预习的内容(10 分钟)。

2. 播放优酷网内环球易购相关视频(8 分钟)。

3. 教师引导案例阅读(30 分钟)。在阅读过程中,可以提一些小问题引导学员思考。

4. 开放式问题(30 分钟)。让学员分组讨论案例,假设他们是环球易购的 CEO,面临困境时需要进行哪些决策与思考,对公司未来发展有什么设想等。

5. 引导全班进一步讨论,并进行总结归纳(10 分钟)。

案例 8：环球资源上的品牌转型实录

环球资源是一家多渠道 B2B 媒体公司，致力于促进大中华地区的对外贸易。公司的核心业务是通过一系列英文媒体，包括环球资源网站、印刷及电子杂志、采购资讯报告、"买家专场采购会"、贸易展览会（Trade Show）等形式促进亚洲各国的出口贸易。环球资源成立于 1970 年，于 2000 年在美国纳斯达克股票市场公开上市，如今已经成功迈向第 5 个十年。

从低端制造到高端制造，从中国产品到中国品牌的华丽转身，环球资源见证了中国制造业的变迁，如今，这些中小制造商发展如何？一场新的转型正在中国制造业酝酿发生。

中国成为世界第二大经济体和"世界工厂"都是受益于低成本优势的制造业，而随着各种成本红利的逐渐消失，中国正往中高技术制造业转型。然而，在环球资源展上可以发现，制造业中的另一场转型相对而言可能进行得更悄无声息，即"中国产品向中国品牌转变"。

对于中国制造业来说，环球资源展就像一位"见证人"，记录了"中国制造"的成长历程。作为中国制造业中的顶级采购展览会，环球资源展从 2003 年一路走来，见证并助推了中国制造的高速发展，同时亲历了中外贸易的黄金时代。如今，中国制造最新的转型故事依旧在这里上演，从 OEM 到 ODM 再到 OBM，中国制造商的品牌意识在不断增强，品牌实践也越来越多。

在 2018 年 4 月的环球资源电子展上，《世界经理人》采访了众多企业负责人,既有来自新时期下的初创企业,他们的品牌意识远远高于改革开放初期那批以 OEM 起家的企业家;也有一批以 OEM(代工中的贴牌生产)和 ODM(代工中的另一种模式,相对 OEM 更加注重协同合作)为主的制造商,他们还在艰难地转向 OBM(代工厂经营自有品牌生产);还有那些在品牌实践上表现积极和活跃的企业家,他们则在寻求更不一样的探索……转型的大旗高举了好几年,"世界工厂"中的这批中小制造商进展究竟如何?

一、代工厂的苦恼:OBM 的台阶不好跨

整体来看,在中国加速经济转型下,众多以 OEM 和 ODM 起家的中国制造厂商这几年都在加速经营自己的自主品牌。《世界经理人》采访的众多制造企业基本都属于这类,而且初具品牌意识的他们也还处在品牌建设的早期阶段。

一家来自深圳的主营家居和户外音箱产品的公司业务就包括 OEM 和 OBM,也有自己的品牌建设规划。该公司的品牌意识在环球资源电子展上的展区规划上就有体现,其自有品牌参加的是环球资源的品牌馆展示,而 OEM 业务则是另外分开参展。该公司负责人许贵告诉《世界经理人》,他们的工厂生产线也做了相应区分。

这家企业采取典型的 OEM 和自有品牌两步走策略。许贵介绍,自有品牌在海外的拓展主要以东南亚市场为主,因为当地品牌少,竞争相对较小;下一步再扩展到南美、非洲等第三世界的国家。

不过,正如前面所说,这类企业大多数仍在品牌建设的早期阶段,就如许贵所经营的企业,因为仍然承受着较大的资金、人才、研发等多方面限制,并没有很完善系统的品牌建设规划,在品牌建设效果的自我评估上暂时也没有一个相对标准化的体系,主要以代理商的反馈和展会效果来评估。

另外,为减少品牌资本的投入和避免风险,许贵所经营企业的海外市场

则基本是完全扔给代理商去运作，几乎没有任何自己的主观能动性。的确，即便对于有品牌意识、也有研发团队的中型制造企业来说，在品牌"出海"的过程中也会遇到各种各样的问题。

主营数码、通信等产品的深圳市朗技精密技术有限公司（以下简称"深圳朗技"）总经理敖明在采访中就向《世界经理人》总结过品牌建设过程中面临的三点困难：一是国外品牌注册、产品认证问题；二是缺少专业的海外运营人才；三是国外产品运营资金问题。

深圳朗技在国外市场仅限于做 OEM 和 ODM，国内市场则包含 OEM、ODM 以及 OBM，但整体上依旧更倾向于 ODM 模式。敖明表示，因为他们的优势在于设计，可以根据客户的需求来进行定制生产。

深圳朗技也想在海外市场开拓自有品牌，前期已经请了专业人士进行海外品牌的注册，甚至是和其他做得不错的客户进一步合作、组团走向国外市场。但是敖明告诉《世界经理人》，过程如"取经"，要经历一些磨难和阻碍，事后能不能取到"真经"还是另外一回事。

敖明就自己总结的三点困难展开分析：

首先，在国外注册商标是一个很复杂的事情，因为不同国家对于商标的定义都不同，而且注册一个全球品牌的代价太高。价钱不是最大的问题，最大的问题是不一定能在一些想进入的国家成功注册商标。商标注册的成功与否往往又决定着后续合作的推进。国内很多企业都面临国外商标注册的问题，有些企业拿国内注册的商标在亚马逊上开拓市场，这并不是长久之计。因为等到品牌推广开来，最后商标却不是自己的注册商标的话，之前的种种努力有可能就成了"竹篮打水"。

其次，关于海外运营人才主要是考虑到当地的语言沟通和文化交流两方面，最好能找到本土化人才或是曾在本地生活过几年的优秀人才，但是这些人才都很难找，极易陷入人才困境。思考用什么样的方式融入不同的国家文化，也是想进入国际市场的公司需要考虑的事情。

最后，关于国外产品运营资金的问题，首先是产品的各种认证费用超高,这就会让缺乏人力、财力的小公司望而却步。

"所以,当公司做产品和研发都没有问题的情况下,该如何在海外市场做自有品牌?又怎么跨出历史性的第一步呢?"

二、"优等生"的晋阶:撕下低价质高的标签

在环球资源电子展的现场,《世界经理人》也采访到了一些转型步子迈得大些的制造商。

(一)

"要想提升产品的附加值,做品牌是很好的一种方式。做品牌就需要把产品进行全面的包装,但前提是产品要过硬。"典型的"情怀型 80 后"谢开显得很自信。

作为专注于数码音频行业的深圳市不见不散电子有限公司总经理,谢开已经有 10 年左右的开厂经验,得益于他做品牌远早于经营工厂的经验,其公司也是国内较早有意识做自有品牌的那批制造企业。

在产品出来前,谢开就开始做渠道和品牌,等到他开厂时,全国渠道和代理体系相对来说已经比较完善,所以"不见不散"的知名度在蓝牙音箱和插卡音箱领域便迅速铺开。2013 年,产品渗透到了中国的各个城镇,但是发展的"天花板"也一同出现。

谢开注意到,像苹果授权店、沃尔玛、顺电等这些中高端平台很少有国内品牌可以入驻。两个疑问出现在谢开的脑海中:为什么只有大品牌可以做高端市场呢?如何才能进入高端市场呢?

谢开觉得可能"不见不散"的调性不符合高端市场的定位。于是,他在 2014 年注册全球品牌 MIFA,并在美国成立公司,专注于做数码音频相关的产品,以时尚、自由为产品调性,主打户外市场,力求做"中国的 JBL"。

全球 95% 左右的音箱产自中国,但是出去一趟再回来,却几乎能以高达

10倍的价格再卖给中国消费者。摆在谢开面前的一个现实问题是,作为新兴品牌的MIFA如何利用价格优势与那些国际大品牌竞争?

"其实,有对手来跟你玩才是有意思的",谢开说。因为有此前"不见不散"产品的沉淀,销售体系和研发团队都相对成熟,谢开对MIFA产品上市后的打法也思考得很清楚。

第一阶段,利用错位方式与大品牌竞争。用性价比取胜,产品自己会说话,"始于颜值,陷入内涵,终于细节",谢开认为,细节决定产品的成败与价值,细节做得好才能得到消费者的认可。"国际大牌也是国内工厂代工,同样的工艺、原材料,无非是logo不同。我能做到他们70%的品质,却只需要40%的价格,这就是中国的优势。"对于对手更低价的产品则不采取降价策略,而是继续专注做产品,去抢占1 000元、1 500元中高价位产品的市场。

第二阶段,转战市场。先是走"一带一路"的路线,跟着国家大方向、大战略来走,把沿线周边的国家切入进去,诸如东南亚、非洲市场。推广方面主要是采取线上和线下两种方式:"地面部队"通过线下渠道代理商的模式,和一些渠道商合作开拓市场;"空军部队"主要是组建亚马逊、速卖通等跨境电商平台,通过网页展示、点对点销售给到消费者,只要消费者认可这个产品,品牌自然就能传播开来。

(二)

高质低价的性价比打法是众多制造商早期阶段都会采用的方式。低价除了指价格的高低,也包括营销方式的正确运用。

深圳鑫麦可贸易有限公司在推广其游戏外设品牌Scorpion时,因为定位为"打造入门级的游戏外设品牌",主要面向10~18岁的消费群体,面对雷蛇、赛睿等这些价位较高的游戏外设品牌,主要也是以"低价质高"的营销方式吸引目标受众。鑫麦可CEO周利建告诉《世界经理人》,产品设计要远超用户预期,而价位又远低于用户预期。

Scorpion切入海外中高端游戏设备市场已逾5年,在全球60多个国家都有代理,并且在每个国家都只指定一个代理商。另一方面,Scorpion 在全球范围内的产品定价都完全由自己掌控,代理商没有议价权。但给其足够的利润空间,让代理商能赚到钱。周利建说,代理商往往能拿到 100%～150% 的利润。

当然,高利润的背后也意味着代理商需要承担更大的责任。为增强用户黏性,打造"粉丝经济",鑫麦可给代理商也专门制定了品牌的运营推广计划,要求每个国家的代理商在当地开设该品牌的 Facebook、Instagram 账号,在社交平台跟粉丝互动;新品推出后,要求代理商在 Youtube 上发表产品评测;在当地进行网红直播。周利建表示,"国外粉丝对品牌的忠诚度比较高,一开始购买始于一款产品,后来可能会全套设备购入。"

"这些规定对客户和我们都是双赢的。首先,Scorpion 每个国家只有一个代理商可以避免恶性竞争。其次,我们会要求客户全力运营和销售品牌,有助于提升品牌认知度。"周利建向《世界经理人》总结品牌发展经验,从精准定位出发,挖掘和积累核心竞争优势就是 Scorpion 的立足之道。做品牌的路很长,要稳中求进,要置之死地而后生,要舍得投入。

(三)

高质的产品是关键。

在运营自有品牌的 8 年时间里,主营手机配件的深圳市高尔夫胜创科技有限公司总经理康小伟总结了他们吸引买家的三大利器:产品增值、打造爆款和资源整合。

自有品牌和 OEM 在"高尔夫"销售额中各占一半。公司旗下主打品牌 GOLF 自 2011 年运营,主要销往中国境内、东南亚、欧洲部分国家,曾于 2014—2015 年在泰国市场份额排名第一。

康小伟告诉《世界经理人》,在海外做品牌,首先要让别人记住,不能一味打价格战,要通过提升产品附加值去提高定价。瞄准中高端市场的 GOLF,一直坚持以品质取胜,"好产品不仅仅是靠包装,最重要的是产品本身的性能,这样客户的回头率才会更高"。

另一方面,通过改进工艺,做更多的工艺处理,比如加一些图案或色彩设计,让产品上升一个层次,以产品差异化进一步提高定价。"没有技术含量的产品,根本谈不上有竞争力。"康小伟说。

从长期来看,高尔夫通过对产品性能和设计的改进来提升产品附加值。而从短期销售来看,遵循一定流行趋势的爆款产品,会显著提升买家的购买率。

什么最吸睛?"一个好的品牌,就是过一段时间就要给大家带来一个惊喜,产品不断迭代更新,让人们不断加深对这个品牌的印象。"康小伟补充,"爆款的关键在于主要抓住当下的流行趋势和热点。例如苹果手机出了红色款后,那段时间红色的产品就很好卖。"

除了短期和长期战略配合,康小伟认为,为买家提供一站式采购服务更符合客户需求。"假如产品不符合客户需求,他就不会选择你的品牌。代理商非常看重产品体系、产品线,一般来说,代理商一般不会只拿单一品牌,而是从一两个品牌中找到覆盖全品类产品的品牌,这种一站式采购是最方便的。环球资源电子展会上很多参展的都是贸易商,做的是整合资源的事,看谁能把资源整合得最好。"康小伟总结。

(四)

一个智能手机品牌创立仅 6 年,贡献了公司年营收 10 亿元中的九成。当前中国品牌在国际市场普遍不被认可的情况下,这家小企业在欧洲市场走出一条品牌之道。

DOOGEE 是深圳市凯威德通讯设备有限公司(深圳市道格恒通科技有限公司)旗下的智能手机自主品牌,主打欧洲市场。品牌的定位是时尚和新技术的手机。"时尚"元素能够吸引年轻人和刚刚接触智能手机的人;"新技术"则是指最大化满足用户的智能化需求,并不断改善用户体验,让用户觉得物超所值。

在公司 CEO 辛超看来，在手机领域，三星、华为、苹果既是高科技公司，也是世界级品牌。DOOGEE 虽然无法达到跟他们平起平坐的水平，但是其在有些海外市场还是有竞争力的。"我们必须找到自己的细分市场和自己的定位。我们品牌要想在市场上立足，第一是中国制造的性价比，第二是创新，包括以创新技术为基础的产品时尚特性。这也是我们跟其他品牌竞争的筹码。"辛超说。

这家公司最新发布的 DOOGEE V 型号的智能手机，就采用了行业一些创新技术，比如手机屏幕之下的指纹技术，手机用户能够借以锁定不同的应用和功能；比如手机壳的颜色因为采用新技术，能够随着不同的视角而变化，充满时尚感。

DOOGEE 品牌的定位，源自企业战略和目标市场的定位。辛超表示，在公司整体的战略上，他们不做非常大的国家市场，他们的目标市场一般是选择小而美的国家。一是细分国家、细分市场，二是细化产品系列，通过系列化的产品满足不同细分市场的需求。

DOOGEE 品牌于 2013 年创立时，第一个目标市场是西班牙。之所以选择在西班牙创立 DOOGEE 品牌：一是因为西班牙是足球发达国家；二是手机市场比较开放；三是西班牙人在观念上对外来东西持比较开放的态度。

品牌创立第二年，就通过冠名比较有代表性的西班牙足球队（比利亚雷亚尔俱乐部）来进行品牌传播。"当时就是用足球的传播方式，迅速地让西欧国家知道我们的品牌。我们在当地召开新闻发布会，一夜之间，所有的报纸、电视台全都报道我们。那个时候，全球赞助西甲球队的只有华为，我们是第二家"。

第二种品牌传播方式是新产品发布会。比如，DOOGEE 在 2018 年的 MWC（世界移动大会）上举行了新产品发布会，包括 CNN、Forbes 等西方主流媒体在内，共有 300 多家媒体参加并报道了发布会。"通过这些西方媒体的报道，扩大了品牌的知名度。甚至，我们在国内没做过任何广告，但是这些西方媒体的报道被转载到国内，我们的品牌在国内的知名度也打开了。"

辛超说。

在辛超看来，效果最好的传播方式就是这种发布会，或者是联合一些高科技的厂商发布新闻。"比如手机屏幕之下的指纹技术，这是全世界都具创新性的一个技术，在这个技术发布的同时，来发布你的产品。"他说，"赞助球队只是让人们知道你的品牌，但并不代表他认可你的品牌，而创新能达到让消费者认可你的效果。"今天，DOOGEE品牌已经从西班牙拓展到捷克、俄罗斯等欧洲其他国家的市场。

三、初创企业的逻辑与应对：市场说了算

产品还没有进入成熟期、市场还处于培育期、前期研发投入大等一系列问题都增加了初创公司品牌建设的难度。在《世界经理人》的采访中，北京枭龙科技和深圳极贝科技是初创企业中的两个典型代表，两者都专注于增强现实（AR）领域。

在经营思路上，成立于2015年的枭龙科技主要为企业和消费者提供AR整体解决方案，针对企业用户主要结合B端做场景延伸，用AR硬件帮助企业解决问题，让企业认识到AR产品在提高效率、降低成本等方面的巨大潜力，从而影响他们的购买行为。而在C端，枭龙科技联合创始人兼首席运营官吕云波认为，在市场还没普及的情况下，比如至少要在2020年之后，才会把这一块当作传播重点，现在只是市场普及阶段。

另一家成立于2017年的基于增强现实技术开发智能硬件玩具与游戏的极贝科技联合创始人Spencer Dai告诉《世界经理人》，他们的整体战略是注重游戏体验的科技公司，未来会更侧重软件方面的发展，定位于"注重个性化＋场景化＋好玩的'轻硬件＋AR游戏'提供商"。

极贝科技主要以to B为主，所以，为了影响消费者的购买，他们主要通过展会等方式和渠道商达成合作，并且在产品持续优化的过程里，不断地更新渠道商的认知和信息，最后传播到大众。

而针对C端消费者，极贝科技针对不同受众，细化研发需求。比如，旗下产品AR Gun的主要受众为孩童，ARcher AR吸引的更多是青少年，AR Unit则更受到20~30岁科技娱乐爱好者的青睐。在传播上主要以线上方式进行，如通过国内的新媒体持续更新产品的研发等信息，海外的SNS上则会定期发布好玩的游戏动态等，以吸引更多的终端消费者了解游戏模式，激发他们的兴趣并产生进一步了解公司品牌、相关产品的行为。

除了持续推出"轻硬件+App+AR"的产品、优化游戏以外，极贝科技还一直在联合第三方开发者一起，打造多元的游戏平台，为玩家提供游戏内容和创新的游戏方式。Spencer认为，不论采用何种渠道，关键还是内容，有好的内容产出才能有可能有好的品牌宣传效果。整体而言，初创公司在宣传渠道上都偏向多元化的形式，比如参加各种相关展会，扩大覆盖面；加入或者参加行业协会、政府论坛，听取来自政策、行业、专家学者和同行们的声音；打造自己的新媒体联盟，注重公众号和微博等社交媒体的接力；通过知名电视台、报纸杂志等传统媒体做不定期的宣传。

枭龙科技和极贝科技基本也是遵循这样的路径。此外，大多数企业公司在初创早期在细分领域的清晰界定上其实都还没有特别明确的定位，且国内、国外两个市场的拓展都会同时开始。

枭龙科技和极贝科技对于打造自有品牌的态度主要取决于市场，自身并没有强烈的指向性。吕云波表示，"枭龙科技会看第三方评估数据，会收集不同渠道的反馈来评估品牌传播效果，以这些为基础，不断提升技术领先型和市场销售额，这也是我们做事的优先级，始终以技术为核心，通过核心技术提高品牌水准。"关于未来的品牌规划，吕云波透露，枭龙计划品牌建设的投入会从10%提升到20%以上，技术投入仍然在50%以上，到公司发展到足够大的时候，有可能会选择拆分，让供应链支持下的规模效应更加明显。

Spencer则表示，"极贝科技的态度是做好自己，更加注重产品逻辑，口碑和数据的价值最大。"在《世界经理人》采访的企业中，还有一家以代工起家并走上自有品牌之路的初创公司——深圳市琦沃智能科技有限公司。该公司主营智能穿戴设备,其副总裁郑进洪向《世界经理人》分享了他的观点和转型经历。

在郑进洪看来,企业在早期的发展阶段,如果技术欠缺、资金不够,对海外市场的理解也不够深刻的时候,不妨专注于帮客户做好代工这一块,在代工中不断学习并壮大实力,等到时机成熟的时候再转型自有品牌建设。

他向《世界经理人》回忆了当年让琦沃智能科技快速转向自有品牌运营的价格战,在2015年、2016年的时候,智能穿戴行业有一拨人恶意低价竞争,且市场上充斥着大量质量参差不齐的产品。

面对这一市场乱象时,琦沃智能科技做了三件事:第一,坚持产品的品质,始终保持较好的口碑,即使在企业的低潮期也照样咬牙坚持。第二,把注意力投向海外市场,重点分析欧美市场的不同消费群体的习惯、爱好。同时,通过跨境电商、论坛、官方网站等渠道,积极搜集反馈意见,针对反馈意见进行调整,磨炼自身将创意快速实现的能力。第三,向客户学习,提升公司在把握市场的喜好度、价格定位、品控体系、设计能力、研发能力方面的水平。

熬过低潮期之后,琦沃智能科技的一些以前被低价吸引走的客户又找了回来。"不管价格再乱,真的不要去偷工减料,一定要在品质上坚持住",郑进洪说。企业的整体能力也在这次价格战中得到了磨炼,并且知名度随着出货量一起稳定提升,走向良性发展。琦沃智能科技就是抓住了这次行业乱象丛生的时机,开始独立运作自己的品牌。

四、后记

通过这些中国制造业的亲历者与推动者亲身口述的转型故事,《世界经理人》希望记录下在中国经济转型进入攻坚期、在中外贸易摩擦加剧的今天,创造了中国经济高速发展奇迹的制造业又处在怎样的境况,这些制造商们各自都在做着何种改变。

在《世界经理人》采访的这10家企业中,我们会发现,中国制造商越来越感受到了品牌提升的迫切性,正努力寻求转型,以改变过去"价廉低质"的形象,提升企业品牌的影响力和竞争力。与此同时,中国制造商正加速改变自身处于"产业链低端"的境况。

 **案例使用说明:**

环球资源上的品牌转型实录

一、启发思考题

1. 概述 B2B 电子商务模式的演进及发展趋势。

2. B2B 有必要品牌化吗?

3. 如何理解企业 B2B 电子商务转型的策略框架?

二、分析思路

1. 概述 B2B 电子商务模式的演进及发展趋势。

该题帮助学员理解:B2B 电子商务模式的演进及发展趋势。随着企业间电子商务的发展,B2B 将成为电子商务的主体,研究 B2B 模式的发展规律及演进策略将具有重要的理论及现实意义。

2. B2B 有必要品牌化吗?

该题帮助学员理解:B2B 品牌化。在企业间营销过程中,品牌的作用日趋明显。积极的品牌形象有助于在企业顾客心目中形成良好的印象,进而影响其购买意向。品牌形象线索是采购商感知供应商品牌属性的依据和途径。

3. 如何理解企业 B2B 电子商务转型的策略框架?

该题帮助学员理解：企业 B2B 电子商务转型的策略框架。企业为适应市场环境的变化而向 B2B 电子商务经营模式转型，是企业当前遇到的一个非常重要的问题。

三、理论依据和分析

1. 概述 B2B 电子商务模式的演进及发展趋势。
（1）B2B 电子商务模式的演进

B2B 是企业之间通过 Internet 完成企业价值链和组织方式整合的商务活动方式，它不仅包括产品服务的交易活动及信息交换，还包括供应链的全过程管理、渠道及支付等环节，具有更长的商业链条。按照不同的研究视角，研究者已经归纳出不同的 B2B 分类，例如综合网站、垂直网站等。

从功能区分，B2B 有三类：匹配功能、聚集功能以及协同功能，提高交易效率、降低交易成本，同时企业的"聚集"产生网络效应和协同效应。国内 B2B 起步于政府推动的商务应用，经历了初级电子商务、交易社区到合作贸易阶段。从服务能力视角来看，B2B 经历基本服务模式、专业服务模式和再整合服务模式三个阶段，未来发展的主要趋势是整合化、平台化、系统化及个性化。

B2B 的主要盈利模式从广告费、会员费、交易费到增值服务等，由于网络外部性和需求互补性，B2B 具有明显的双边市场特性，其价值受双边用户规模的影响。单纯的注册费模式并非最优，企业需要不断创新，采用多种收费模式，在不同环境因素下，B2B 平台定价应采取不同的策略组合。

同 B2C、C2C 模式相比，B2B 电子商务模式发展缓慢，模式单一，根本原因在于 B2B 电子商务模式的特征。首先，B2B 平台的价值随着参与者的加入呈现几何级数关系；其次，B2B 需要专业知识，具备更高的进入门槛，最后，除了成本的降低，B2B 企业更看重交易伙伴关系、信用及安全，因此转移成本更高。未来，B2B 的发展重点在于模式创新，细分行业及价值链深度融的互动平台成为趋势。

(2) B2B 电子商务模式的发展趋势

趋势一：B2B 将进入稳定发展阶段，行业化趋势增强，新的模式将会出现。工业品 B2B 平台在细分领域继续发力，在提供的服务深度和高度上形成竞争优势。

趋势二：由于新技术的应用，新的商业模式将会出现，尤其在细分领域，移动商务已经成为主流商务，桌面与移动平台联合发展，B2B 平台社交化成为企业商务不可分割的一部分，以大数据代表的新盈利模式进入市场。

趋势三：基于供应链和产业链的角度，未来 B2B 将会从单纯的信息平台走上行业解决方案及产业链融合模式，而不是单纯的卖家集聚的平台，深耕电商，成为电子商务大产业生态链的重要一环。从行业横向发展来看，通过一体化整合可以实现不同供应链之间的对接，形成更加紧密的关系。从纵向看，产业链中大量存在着上下游关系和相互价值的交换，这样形成以平台为中心，连接整个产业链的生态圈。

趋势四：基于价值链的深度融合，企业价值链、行业价值链及全球价值链与通过 B2B 平台有机融合，借助新技术如 O2O，线上线下联动，实现实体价值链和虚拟价值链无缝联结，通过平台上企业的关联，产生二次集聚效应。通过技术进步和平台服务，企业可以便利地享受以前大型企业的一些服务，例如金融、物流的融合，带动中小企业更有效地参与全球价值链分工，不断提升企业创新能力。

趋势五：盈利模式的多样化，传统的会员信息盈利模式将会受到极大的挑战，未来按效果付费、会员免费将会在越来越多的平台出现，"基础会员＋收费增值服务"模式将成为新常态。随着服务深度的提高，增值服务例如数据搜集、云存储、社会化营销及金融服务为代表的新盈利模式进入市场。

2. B2B 有必要品牌化吗？

这需要综合考虑现实的产业环境。首先，B2B 商品的民用化日益明显，许多工业品生产商也开始跨界生产消费品领域,如传统的工业品企业博世(Bosch)也生产家用电器;其次,个体消费者变得越来越成熟和专业,经常在某一领域进行消费的消费者更倾向于购买包含"成分或要素品牌"的商品(科特勒和弗沃德,2010);再次,随着信息化水平在B2B交易中占比的提升,品牌的识别功能开始受到重视,在线购买者将品牌视为风险减压的重要工具;最后,在B2B领域发生的大量兼并、收购活动迫使企业意识到品牌化的战略性(Lambkin & Muzellec,2010)。当然,除了环境因素外,B2B品牌化可以为企业带来实实在在的利益,例如杜邦(Dupont)将其旗下的众多产品和原料命名,塑造了一系列成功的B2B品牌,如特富龙(Teflon)、凯夫拉(Kevlar)以及莱卡(Lycra)等,这些品牌为其带来持续的利润源。总之,有理由认为,B2B也需要品牌化,优势品牌是企业获取持续竞争优势的重要资源。

差异化的核心是产品属性不容易被竞争对手复制,并且在顾客看来这些"差异点"非常重要。品牌化的消费品可以实现品牌在实体产品、服务、渠道、人员、组织等不同领域间的延伸,而差异化是将一种产品与其他产品区分开来的主要成分,也是品牌化的基础(Alexander等,2009)。这种差异通常与产品的属性或绩效相关,但也与无形的形象感知相关(Keller,2003)。在顾客的头脑中,一个品牌与其实际功效之间的联想越奇怪,产生的态度越有可能指导顾客的产品感知及其购买行为(Farquhar,1989)。品牌化的目的是在顾客头脑中形成一定水平的品牌认知和品牌知识,进而增强重复购买信心并简化购买程序(Keller,2003)。根据Webster和Keller(2004)的观点,品牌经理应该去设计和传播企业重要的差异点,如技术能力或企业品牌声誉,以此来创造差异化及顾客价值。因此,在B2B营销中,品牌代表了多维的价值承诺而不仅仅局限于产品功能及绩效(Mc Quiston,2004)。

B2B品牌化的重要性还与企业顾客的购买特征高度相关。从组织购买行为(organizational buying behavior,OBB)相关文献来看,企业顾客通常非常理性,与一般消费者相比,他们更加关注产品的功能、质量、交付(物流)、服务以及价格(Shipley & Howard,1993)。但 Hutton(1997)认为品牌仍会在企业购买过程中扮演重要角色,特别是在有风险的情况下。李桂华等(2010)认为,B2B 购买行为一般比较专业和正式,这是因为 B2B 采购所涉及的产品价值昂贵,购买风险较高。因此,B2B 购买决策不是由一个人来完成的,而是跨部门多人协作完成的。参与采购活动的人员既包括采购部员工,还有财务人员、技术专家、经理等其他人员,这些人构成了一个非正式的决策单元——购买中心(buying center,BC)。

B2B 营销理论认为,BC 成员在购买过程中扮演不同角色,包括采购者(buyer)、影响者(influencer)、决策者(decider)、使用者(user)以及把关者(gatekeeper)。在这个存在不同角色的非正式机构中,组织及个人的目标交织在一起,形成一个参照框架(frame of reference),这个框架指导着购买中心内部各成员的行为以及对其他成员行为的解读。个人的参照框架决定着供应商的选择标准(Webster&Wind,1972)。Bendixen 等(2004)研究发现,有些成员认为 B2B 品牌化很重要(如使用者),技术专家甚至认为品牌比价格更重要;而有些成员则持相反观点(如把关者)。Bendixen 等(2004)还给出了相关证据,证明了一些 BC 成员会对某些品牌产生情感偏好。

3. 如何理解企业 B2B 电子商务转型的策略框架?

企业向 B2B 电子商务模式的转型策略可以从系统性、整体性的角度出发,按照层次分析法可以分为转型的目的和理论基础、转型的过程和措施以及外部支撑三个层次。

(1) 目的层和理论层

企业的转型能够增强其自身的经营绩效,提高企业的竞争力,通过改变企业的经营模式获取持续的竞争优势。因此,企业向 B2B 电子商务转型是通过 B2B 电子商务这种创新的模式来解决企业暂时的经营困难,实现扩大化发展,并最终顺应我国电子商务发展的潮流,使得企业的经营可以持续性发展。在上文的分析中,曾经战略资源观、战略选择观和演化经济学是企业转型的理论基础,但自从"企业的核心理论"出现后,企业能力理论逐渐取代资源型理论成为企业转型研究的核心。

(2) 过程层

本书按照企业转型的一般规律,将企业向平台型 B2B 电子商务模式的转型过程划分为四个阶段:一是萌芽期,企业根据经验状况,萌生了向电子商务转型的念头;二是准备期,企业通过数据分析、专家走访,并结合自身企业的现状,确定了向平台型 B2B 电子商务企业转型的目标;三是转型期,企业管理层根据战略目标,制定了中长期的规划方案;四是成长期,企业转型成功后,经营业绩逐渐有所回升,品牌效应不断增强,最终实现了最初制定的目标。企业转型的手段依赖于上文分析的 B2B 电子商务企业能力的构成。

(3) 外部支撑层

企业的生存法则揭示了企业是与外部环境共同进化的。在企业的转型过程中,必然是内部作用与外部环境共同协同的过程。外部环境是外部拉动力,比如政策环境、社会条件、经济环境、企业所处行业的产业结构力量等都在一定程度上对企业的转型成功与否起到了巨大的作用。具体影响企业向平台型 B2B 电子商务转型的外在环境主要包括:客户环境,如客户关系、客户忠诚度等;市场环境,如竞争压力、产业结构等;制度环境,如政府政策、经济体制等。

四、课堂计划建议

本案例涉及的外贸 B2B、环球资源对于学员来讲是一个比较新的领域,所以在课堂开始前需要学员有基本的知识储备,对此应该针对相关领域进行预习,预习内容包括:

1. 了解什么是外贸 B2B,了解环球资源的发展情况,了解环球资源的商业模式和发展布局,分析为什么环球资源以传统媒体起家,在互联网时代仍然保持旺盛的生命力。

2. 了解、比较环球资源的线上线下服务。

3. 登陆环球资源网站 https://www.globalsources.com/，浏览环球资源上展示的商品，查看环球资源提供的线下服务，特别是展会等传统媒体服务。分析环球资源和 alibaba.com 以及其他外贸 B2B 平台的差异。

该案例的教学时间为两个课时，约 90 分钟。

1. 学员介绍自己预习的内容(10 分钟)。

2. 播放腾讯视频、优酷网上有关环球资源主题的视频(8 分钟)。

3. 教师引导案例阅读(30 分钟)。在阅读过程中，可以提一些小问题引导学员思考。

4. 开放式问题(30 分钟)。让学员分组讨论案例，假设他们是环球资源的 CEO，面对中国制造商在转型升级过程中，环球资源能够提供哪些服务帮助企业更好地完成转型升级，需要进行哪些决策与思考，对公司未来发展有什么设想等。

5. 引导全班进一步讨论，并进行总结归纳(10 分钟)。

案例9:"价之链":跨境市场需求驱动下的价值连接

深圳"价之链"跨境电商有限公司(以下简称"价之链")是国家级高新技术企业,是以"品牌电商＋电商软件＋电商社区"为主营业务的跨境出口电商企业,是 A 股上市公司浔兴股份(002098)的控股子公司。

在品牌电商板块,"价之链"通过 Amazon 等平台运营自有品牌产品,通过精品化、品牌化的产品运营路线,将产品销售到美国、欧洲、日本等地区;电商软件板块,"价之链"向全球的电商卖家销售 Amztracker、全球交易助手等多款电商营销服务及管理软件,为其他电商卖家提供选品、数据分析、搜索优化、推广营销、店铺运营管理等全方位、一站式的服务,"价之链"累计服务全球 100 多个国家近 5 万付费电商店铺以及 10 万以上免费商户;电商社区板块,"价之链"利用 vipon.com、百佬汇在线(blhpro.com)以及线下社区,将自身跨境电商运营经验和全流程软件服务推向全球电商卖家,形成一个拥有广泛用户基础的跨境电商服务平台。

回顾企业的发展历史,可以看到,"价之链"依托电商技术开拓一条别样外贸之路。2006 年,"价之链"创始人甘情操初创厦门欧乐德贸易有限公司;2007 年,公司 3C 产品线在 eBay、Amazon 上销售,初露锋芒;2008 年,公司迁址深圳,更名为深圳"价之链"科技有限公司;同年,全球金融风暴期间,公司业绩仍保持 100%增长,创造行业奇迹。2009 年,在欧美主要国家自建物流平台,开拓安全高效的全球供应链渠道;2014年,"价之链"科技园正式挂牌成立,公司着力打造电商贸易、电商社区、营销软件三位一体的集团化、多元化产业布局;2015年,完成A轮7 500万融资;2017年,浔兴股份(股票代码:002098)并购"价之链"。

一、"价之链"从市场端发力,打造跨境电商生态系统

2005年还在读大四的甘情操因缘际会遇见了他的"创业导师",后来其作为调研项目的助手和导师一起去了美国,开始接触创业。那时候中国的发展机会很大,导师想投资中国市场,于是导师所在的公司团队萌生了做传统贸易的想法,先收取客户的定金然后进行采购,由甘情操接洽一些中国的供应商。但一年后,公司的股东因意见不合停止了该项业务,那时已经与供应商建立了联系的甘情操就想,何不自己来做这项业务呢? 于是,2006年他在大多数供应商的聚集地——厦门成立了公司,也就是"价之链"的雏形。

由于传统贸易存在中转慢、账期长的问题,同年他开始进入跨境电商领域,做出口贸易。2008年甘情操将公司迁往深圳,发展至今,公司定位发生了很大变化——旨在打造跨境电商营销和服务一体化的生态系统。

打造链接的基础是产品,"价之链"本身并不是跨境电商平台,也不是生产商,它主要通过亚马逊、eBay等大型购物网站来售卖自营产品。2015年,亚马逊成为其主要销售渠道,同年,"价之链"位列亚马逊中国卖家前十名。

从2015年开始,自营品牌成为"价之链"产品的核心,除了电脑配件之外,其产品类别更多地开始延伸到消费领域,涵盖家居、健康、美容等。这些产品并不由"价之链"直接生产,而是通过市场化方向去寻找供应商,从而选购高性价比的出口产品、再贴牌生产。"价之链"创始人甘情操表示,一方面不需要受限于自己的生产能力,另一方面挑选产品更显客观公正,反倒成为一种优势。据了解,"价之链"目前的核心营利点就在于自营业务。同样,公司负责自营电商的员工人数也是最多的。

"价之链"突出链接的价值,而社区是高维度的链接,它是嫁接在资源下面的关键部分,虽然前期很费劲,但在聚拢人气之后其价值得以充分体现。"价之链"打造的社群不单可以为用户提供物流、供应方面的辅助服务,还包括出口电商的在线教育和培训。社群是打造完整生态所必不可少的。"价之链"下设百佬汇跨境电商联盟,汇聚了行业优势资源,服务于中小卖家,帮助他们快速成长,并打造跨境电商生态圈。据百佬汇联合创始人李海透露,由百佬汇推出的"亚马逊卖家营销神器"软件 AMZTracker 和主打培训项目"百佬汇在线大学",是为跨境卖家们量身定制的协助工具,提供高端课程,能够切实解决营销困难,真正解决了"最后一公里"的难题。

打造跨境电商营销和服务一体化的生态系统。社区的活跃度高,能够将信息和资源反馈到自营电商;反过来,电商也为社区背书、提供产品内容。二者联合起来恰恰可以形成多维网络的链接,从而在跨境电商营销和服务方面为更多用户提供切实的解决方案。

二、押注下一个风口:"红人经济"与个性化定制

"价之链"创始人甘情操认为,接下来的 5—10 年,中国的外贸出口份额有 90% 的可能性会上升,在当前中国外贸出口份额中,早年获得红利的外贸 B2B 呈下滑趋势,相反,外贸 B2C 份额持续增长。现在人们需求的个性化开始展露,而未来是供给过剩、需求化定制的时代,随着人们需求的增加,"红人经济"将成为下一个风口。

"红人经济"能够将流量成倍放大,形成"聚化反应堆";另一方面,出口电商的核心竞争力是产品和流量,做好产品能够解决信任度问题,红人社区则可以解决最为关键的营销之道,二者结合能够产生良好的品牌竞争力。这也就体现了链接自带的功能属性——链接在哪里发生,品牌效应就在哪里发生。

因此,跨境电商的下一个机会属于红人端,未来"价之链"关于软件平台

的打造也将会更多地基于像淘宝客这样的模式。谁拥有品牌效应,谁就能够根据链接的强弱来分配利润,毕竟品牌环节的利润比制造的利润强太多倍。而生产力旺盛的国内制造与海外红人之间的产生的化学反应将会发酵,届时跨境电商也会面临更多的机会。

新的平台依旧拥有市场,尽管当前国内进口电商巨头已经占去了相当一部分的市场份额,比如京东、天猫等,但甘情操认为,传统巨头相对来说太"重",商业模式很难创新,再者从另一个角度来说,即使它们的思维转变了,但是用户对巨头的认知已经趋于固定,消费习惯很难再改变。因此,新型平台依然存在不小的机会,像年轻的小红书凭借打造社区壁垒、专注口碑营销并进行较为精准的个性化推荐,闯出了属于它的一片天,这就是很好的例子。

随着数字消费的比重越来越大,如今的流量也越来越贵,因此,提供服务的平台将能够吸引更多的用户。未来,为用户提供解决方案而不仅仅只卖商品的电商将更被看好。

案例使用说明:

"价之链":跨境市场需求驱动下的价值连接

一、启发思考题

1. "价之链"从市场需求端发力,跨境电商生态圈构建策略是什么?
2. 跨境电商的商业模式创新路径有哪些?
3. 跨境网红电商遇到哪些挑战?发展对策是什么?

二、分析思路

1. "价之链"从市场需求端发力,跨境电商生态圈构建策略是什么?

该题帮助学员理解:当前国际贸易格局是需求主导下的新供给结构,需求端发力引导供应链是未来的常态。中小企业型跨境电商应当摒弃依靠单家企业来建构企业市场竞争力并达成企业市场竞争目标的传统格局,转而利用"互联网十"技术来建立适合跨境电子商务业务的电商生态圈,从而形成进攻国际贸易市场的集团竞争优势。

2. 跨境电商的商业模式创新路径有哪些?

该题帮助学员理解:商业模式创新是改变企业价值创造的基本逻辑以提升顾客价值和企业竞争力的活动。商业模式创新路径即通过盈利模式和顾客价值主张创新所实施的方式、方法。运营模式创新通过要素间相互关系引发盈利模式创新和顾客价值主张创新,同时盈利模式创新也进一步影响顾客价值主张创新。

3. 跨境网红电商遇到哪些挑战?发展对策是什么?

该题帮助学员理解:互联网技术的普及使得电子商务在一定程度上改变了国际贸易中主客体的参与方式,形成了新的贸易模式。在这种环境下,网络红人更多地参与到电子商务中,网红电商已经成为一种新兴的营销模式,给商家带来了丰厚利润。但是,投资网红电商类项目也存在一定的风险,这些风险分别体现在市场体量、孵化成本和综合能力。

三、理论依据和分析

1. "价之链"从市场需求端发力,跨境电商生态圈构建策略是什么?
(1) 优化跨境电商生态系统的组织架构

其一,"价之链"是依照核心—外围原则来构建适应"互联网十"环境的生态圈系统。跨境电商的生态圈构建既要强调跨境电商的产业集群在网络空间上的相对集中性,亦须强调跨境电商生态圈中各成员企业的个性化特征建设。在空间布局上,跨境电商应当凸显电商运营平台的核心地位,强调跨境电商运用其电商平台来向上游辐射生产企业和供应商企业,向下游辐射批发商和终端销售企业的经济辐射力。围绕电商运营平台,跨境电商可以有效地聚集涉及跨境电商业务运作内容的各利益相关方的企业资源,从而打造具有区域经济辐射力和一定水平的网络空间辐射力的骨干型跨境电商。

其二,"价之链"是围绕优势资源来打造核心业务集群。从组织学角度分析,跨境电商应当根据成员企业的综合资源禀赋优势来确立跨境电商的主营业务内容,并据此来打造跨境电商的核心业务集群,从而形成以核心业务为主攻方向,以关联产业为主要支撑的网络型跨境电商业务集群。围绕跨境电商核心业务所构建的业务集群是以跨境电商企业为核心,以多个业务关联企业为支撑的企业集群型组织。该集群组织的单个成员企业具有独立法人身份,但集群成员企业之间存在资源要素的相互依存,组织上通过缔结企业联盟的方式形成组织合力,协同完成基于"互联网+"的跨境电子商务业务目标。

(2) 革新跨境电商的跨境市场运营体系

其一,"价之链"建立了适应进出口业务的快速响应型商业模式。"价之链"的商业模式设计转变了传统的以追求规模效益为主要目标的做法,转而建立适应跨境电商的进出口业务的轻资产运行模式。与传统的生产导向型商业运营模式不同,"价之链"瞄准消费者需求来向上游企业提交订单,用订单生产模式来确保上游企业的产量与下游客户需求量之间的一致性。为了适应多变的市场需求,跨境电商业应将其经营重心转移到品牌推广和设计研发等关系到终端市场需求的领域。

其二,"价之链"强化了进出口货物与服务的品牌建设力度。跨境电商的产品与服务品牌建设力度不足,直接降低其进出口商品与服务的盈利能力。针对此问题,"价之链"从强化技术和管理创新的角度来推动跨境电商企业转型和品牌升级。技术创新不仅有助于跨境电商满足国外发达国家和地区对商品和服务日益严格的要求,而且有助于提高跨境电商的商品与服务的品质,确立跨境电商企业核心竞争力,拓展其产品与服务的增加值空间。在强化进出口产品与服务的品牌建设过程中,"价之链"着力树立企业产品与服务的绿色生态型品牌形象,着力打造渗透着生态文化理念个性鲜明的生态环保品牌形象,提高品牌在发达国家的市场影响力并增加跨境电商的品牌溢价空间。

2. 跨境电商的商业模式创新路径有哪些?

(1) 市场导向型

根据萨伊定律,需求是可以被创造的,跨境电商商业模式创新可以从创新顾客价值主张开始,进而实现商业模式创新。创新顾客价值包括洞察顾客潜在需求、创造顾客新需求和回应顾客既有需求。顾客价值主张是企业定位的本质,核心是为顾客解决问题,只有认真对待顾客价值主张,才能满足顾客需求,市场导向型以提升企业价值获取能力为商业模式创新的根本出发点。大数据、云计算等新技术的应用为创新顾客价值主张提供了技术支撑,跨境电商企业可以利用新技术洞见和创造需求,而非一味地迎合显性需求,进而创新顾客价值主张,提升价值获取能力;跨境电商存在"长尾效应",顾客价值主张创新也可以通过寻找新的"长尾"来提升价值获取能力;可以提供顾客参与平台,增加情感交互,通过定制化服务锁定顾客,增加情感体验培养顾客忠诚度。实现顾客价值主张创新,需要企业为满足新需求匹配相应的运营模式和盈利模式,或者说顾客价值主张创新将引发运营模式创新和盈利模式创新。综上所述,顾客价值主张创新本身就是商业模式创新,通过互动引发盈利模式和运营模式创新,引入新的商业模式,重塑商业规则。

(2) 竞争导向型

运营模式是企业依据核心资源创建关键业务流程形成竞争优势的综合体现,强调运营模式的企业多是从竞争视角出发,以运营模式创新为起点的创新路径是竞争导向型。由于运营模式、盈利模式和顾客价值主张存在互动关系,运营模式创新会引发盈利模式创新和顾客价值主张创新,结果是整个商业模式的创新。运营模式是企业达到目标采取的方法,是价值创造传递的运作方式,包括各种业务流程、组织设计以及利益关系的管理,可以从业务流程、组织设计与利益关系等内容出发创新企业的价值创造和传递方式。大数据、物流网等新技术对跨境电商运营模式创新产生了积极影响,打破单一的价值传递方式进行跨渠道、多渠道价值传递,如线上线下并行、电商+网红+直播、社交电商等。"一带一路"倡议为跨境电商的发展带来新机遇,单个跨境电商难以满足跨境交易的全部需求,以运营模式为切入点,跨境电商企业要重新审视资源配置方式,准确在价值网络中定位,探索与利益相关者的合作模式,进而提高价值创造力。综上,运营模式创新通过要素间相互关系引发盈利模式创新和顾客价值主张创新,同时盈利模式创新也进一步影响顾客价值主张创新,因此竞争导向型路径是实现跨境电商模式创新的重要途径之一。

(3) 利益驱动型

利益驱动型企业的商业模式创新路径始于盈利模式创新,盈利模式创新本身就是商业模式创新,基于互动关系引发运营模式和顾客价值主张的改变,进而重塑企业商业规则。盈利模式是指企业价值获取的机制,包括成本结构、收入来源、收入潜力等,好的盈利模式不仅拥有稳定现金流,还能创建高效共赢的价值网,盈利模式创新带来的是价值创造和价值获取能力的改变。跨境电商目前还处于"免费"的时代,需要认真研究"免费"模式的盈利问题。基于"双边市场理论",跨境电商企业同时面对两类完全不同的客户,在市场左右两边都有收入、支出,如何降低成本、提升价值创造能力、提升价值获取能力,是盈利模式创新的根本出发点。因此,企业应积极探索降低成本的新途径和积极寻求新的营收方式。不论是竞争导向型、市场导向型,还是利益驱动型路径,都将引入新的商业模式,通过与其他要素的互动颠覆既有商业规则。

3. 跨境网红电商遇到哪些挑战？发展对策是什么？

（1）跨境网红电商遇到的挑战

首先，网红容易流失，网红与电商的取消合作，意味着电商失去了网红粉丝这样的客户群。怎么留住这些网红，是跨境电商们需要考虑的问题。国际营销中，地域限制、语言限制本就加大了双方合作和信任的难度，网红更容易流失。

其次，流量成本增加互联网整体流量变贵已经是一个不争的事实，如何降低孵化、推广网红的成本成为各网红电商公司所面临对问题之一，如何维持流量更是必须攻克的一个难题。同时，了解营销对象的特征及市场需求，迎合需求，孵化适应市场的网红对象，才能将孵化效益最大化。

第三，网红电商公司两大职能的配合需要规范化。网红电商公司有两大职能，一是经纪公司，二是电商代运营功能。目前，这两大职能的配合需要规范化。

（2）跨境网红电商的发展对策

首先，避免追逐最红增加孵化成本，选择最合适的，网红电商公司需要的是网红所能带来的流量，所以首要考核标准必须是流量基础。对于网红电商公司来说，要挖掘寻找最合适的网红对象，寻找最有潜力的候选者，达到签约价不贵，又能带来一定的粉丝基础的目的。

其次，优化运营效率，做好统筹分配工作，使孵化、营运过程步调一致。网红电商公司一般会有一个团队，整体把握每个网红的个人品牌，设计其内容风格，匹配与之合适的内容、商品等。同时还需要统筹规划，合理分配，以建立完善的公司品牌。这个环节的关键就是从人到内容、商品、网店的风格、步调要协调一致。

第三，深度开发网红价值，降低独立网红的风险可以分别从拓宽受众群体、延伸品牌发展、风格多样化等方法开发网红价值，这样才能避免将"鸡蛋放在一个篮子里"，将流量寄托在单个网红身上的风险。

四、课堂计划建议

本案例涉及的案例公司——"价之链",是一个具有鲜明市场端驱动供应链并形成生态系统的跨境企业。对于学员来讲这是一个比较新且具有典型代表性的企业,所以在课堂开始前需要学员有基本的知识储备,对此应该针对相关领域进行预习,预习内容包括:

1. 理解什么是跨境电商生态系统、网红电商、需求端主导的供应链,了解国内外领先的网红电商企业,分析其特点和商业模式,快速发展的原因以及存在的风险。

2. 了解跨境网红电商的发展及其对跨境企业的市场、产品、品牌、渠道及运营的影响。

3. 登陆"价之链"网站 http://www.valuelinkcorp.com/,浏览"价之链"提供哪些在线服并体验其主要在线服务。

该案例的教学时间为两个课时,约 90 分钟。

1. 学员介绍自己预习的内容(10 分钟)。

2. 播放腾讯视频、优酷网上"价之链"相关视频(8 分钟)。

3. 教师引导案例阅读(30 分钟)。在阅读过程中,可以提一些小问题引导学员思考。

4. 开放式问题(30 分钟)。让学员分组讨论案例,假设他们是"价之链"的 CEO,面对未来网红经济的发展、构建跨境电商生态系统等问题,需要进行哪些决策与思考,对公司未来发展有什么设想等。

5. 引导全班进一步讨论,并进行总结归纳(10 分钟)。

案例 10：京东全球购升格为"海囤全球" 遍设海外直采中心

京东全球购是隶属于京东集团的百货采购部，立足于京东集团的品牌优势开展跨境电商业务。从京东全球购的发展过程分析，可以将其分为四个阶段，分别是萌芽期、发展期、爆发期、转型期。

第一阶段属于萌芽期。2013 年初京东集团就成立"全球购"部门，并进行相关跨境电商综合管理人才的储备，在 2013 年 10 月启动国际管培生项目，招收的全是来自沃顿商学院、斯隆商学院、伦敦商学院等知名学府的 MBA 应届生，并对他们进行集中培训、集中轮岗和自由轮岗等阶段的集训。进行相关专业的人才储备，为后来的发展储备足够的"弹药"，这是京东全球购在发展萌芽期的主要布局。

第二阶段属于发展期。2014 年也被称为跨境电商的元年，各种跨境电商企业相继成立，这也在一定层面上逼迫京东需要大力发展跨境电商业务。京东全球购在这一时期开始跨境电商平台建设，通过自身原有信息技术的创新和战略合作伙伴的帮助来搭建平台的基础，并通过完善的线上和线下的支付手段打破供京东全球购和消费者之间连接的瓶颈。通过实现各种资源的整合，提升了跨境电商业务整体的供应链系统水平。

第三阶段属于爆发期。京东全球购业务于 2015 年正式上线，新的采购渠道来源于全球 50 多个国家和地区，首批上线就有超过 1 200 个品牌，包括近十几万种母婴用品、食品保健、个护化妆、服装鞋饰等优质进口商品。这一年京东全球购做到了18亿美元的销售额,成为京东国际化布局发展的里程碑。

第四阶段属于转型期。2018年11月,京东全球购全面升级为"海囤全球",定位为"京东旗下全球直购平台"。在这里,商品、价格和服务仍然是跨境电商最核心的要素,"海囤全球"在这三个方面都下足了功夫,已成为中国消费者海外直购首选平台。而对商家而言,"海囤全球"的愿景是成为国际品牌入华的第一站。

一、精挑细选,保证品质

为了达到放心海囤的目标,"海囤全球"首先在商品品质上下足功夫。自2018年开始,京东先后在日本、韩国开设直采中心,并筹备在北美、欧洲、澳新等地开设直采中心。"海囤全球"总经理杨叶表示,"'海囤全球'将加快海外直采中心建设,进一步加强直采和自营能力,从源头保证商品质量,丰富消费者选择。在加大各品类商品丰富度的同时,进一步加强在美妆、保健品等优势品类的发展。"

为确保品质,"海囤全球"采用买手甄选机制。"海囤全球"的买手基本都有五年以上的相关行业专业经验,很多人拥有十多年的专业买手经验。买手团会深入世界各地的工厂、产地遴选商品,严把源头质量关,按照最高标准遴选品牌与产品。杨叶透露,消费者将很快会看到"海囤全球"的"超级买手"计划。他们拥有自己的公众平台,向消费者推荐他们精挑细选的全球好物。

二、全程区块链溯源

近一年来,"海囤全球"全面升级商品品质管控举措,包括推进更多商品的全程区块链溯源和"千里眼"溯源;"溯源检察官"将深入更多品牌原产地的工厂、原料种植区、仓库等进行溯源检查;商品入仓批检查的质检标准将进一步升级;为"海囤全球"的商品打造更多品质标签。此外,消费者在"海囤全球"购物还可享受"假一赔十"服务保障。

三、极速送达

一般来说,商品想要顺利到达消费者手中,要经过海外转运中心和运输、口岸关务、保税仓储、"最后一公里"快递等环节,流程繁琐,周期长,甚至会影响商品配送的时效。京东将多年积累的自建物流的模式和标准运用在跨境物流的建设当中,以海外TC仓(海外转运中心)、自营保税仓、国内物流网络和配送系统为基础,整合了运输、仓储、清关和配送服务,形成跨境物流领域的全链条服务。

目前,海外直邮的进口商品平均时效提升至3.9天,核心城市隔日达。使用京东物流的海囤商品在国内一、二线城市100%可实现当日达或次日达,30万个配送网点解决"最后一公里"配送,最快可实现1.5小时送达,可以说,全球没有其他任何一家电商企业能够为消费者提供如此优质的配送服务。京东也要求和帮助非自营商家通过保税仓或者海外直邮等方式,进一步提高配送时效。

案例使用说明:

京东全球购升格为"海囤全球"遍设海外直采中心

一、启发思考题

1. 我国跨境进口电商的模式有哪些?京东的"海囤全球"属于哪类?

2. 直观上看,"海囤全球"既保证了商品品质,又保证了物流速度,那么"海囤全球"模式的缺点或劣势在哪里?

3. 除了提升商品质量和物流服务外,"海囤全球"等跨境进口电商在售前和售后服务方面还有什么需要完善的地方?

二、分析思路

1. 我国跨境进口电商的模式有哪些?京东的"海囤全球"属于哪类?

该题帮助学员了解跨境进口电商的主要模式,包括 M2C 模式、B2C 模式、C2C 模式等。

2. 直观上看,"海囤全球"既保证了商品品质,又保证了物流速度,那么"海囤全球"模式的缺点或劣势在哪里?

该题帮助学员思考,既然京东的运营模式优势明显,为什么未被业内其他电商所采用,并且京东的集货方式是否存在什么固有问题。

3. 除了提升商品质量和物流服务外,"海囤全球"等跨境进口电商在售前和售后服务方面还有什么需要完善的地方?

该题帮助学员抛开"质量""物流""支付"等跨境电商问题的固定思维,回到销售环节探讨企业服务的提升空间。

三、理论依据和分析

1. 我国跨境进口电商的模式有哪些?京东的"海囤全球"属于哪类?

根据跨境进口电商的集货方式,可分为 M2C 模式、B2C 模式、C2C 模式等。

(1) M2C 模式

M2C 模式指的是从厂商到消费者的购物模式,即电子商务企业搭建开放平台负责招商,使得生产厂家通过这类平台直接向消费者提供产品或服务的一类商业模式。此类业务模式的代表为天猫国际和洋码头,它们的业务模式类似,都是通过吸引商家入驻平台,发生的买卖交易也由商家和消费者自由进行,而平台则负责解决支付和信息沟通等方面的问题,其获利则主要通过向平台入驻商家收取入场费、增值服务费等。在解决跨境服务问题方面,以天猫国际为例,天猫通过和自贸区的合作,在各大城市的保税物流中也建立起跨境物流仓,提升物流效率。

(2) B2C 模式

B2C 模式指的是从企业到消费者的购物模式,指的是电子商务企业直接面向消费者销售商品和服务商业零售的模式。此类业务模式在跨境电子商务企业中所占比例最重,对于企业来说,大多数商品需自己备货,而货源、资金、团队、物流这四大环节须统筹兼顾,缺一不可。而此类模式又主要分为综合型和垂直型两类。

① 综合型 B2C 跨境进口电商。此类企业业务经营范围涵盖多个行业,可满足消费者综合性的消费需求。此类业务模式的代表为"海囤全球"、亚马逊、1号店等。其海淘业务所出售的商品主要是以进口保税或海外直邮的方式入境。

② 垂直型 B2C 跨境进口电商。此类企业与综合型 B2C 跨境进口电商企业的业务模式相类似,主要区别在于垂直型 B2C 跨境进口电商专注于提供某一类或者某几类行业的商品或者服务。由于行业众多,开展垂直类业务的电商企业十分多样化,但并非每个行业均能出现成功的电子商务企业,此类模式的代表为专注于化妆品行业的聚美优品、专注于食品类行业的中粮我买网、专注于母婴类的蜜芽等。

(3) C2C 模式

C2C 模式是从消费者到消费者的业务模式。此类模式是平台方面招募海外买手(代购),通过对这些个人代购进行资质审核,然后由这些合格的海外买手筛选商品,并将这些商品放至平台,以供消费者选择。这类业务模式的代表有洋码头扫货神器、淘宝全球购等。

2. 直观上看,"海囤全球"既保证了商品品质,又保证了物流速度,那么"海囤全球"模式的缺点或劣势在哪里?

(1) 价格劣势

"海囤全球"的高品质货源必然带来较高的价格,且京东采购团队、溯源系统和庞大的物流系统的成本也需要在价格上分摊,且如果要做好跨境物流,其花费必然更加庞大。"海囤全球"高质高价的产品和服务客观上已将诸多消费者排除在外,且在经济大环境下行、"消费降级"的背景下,"海囤全球"的价格劣势或被进一步放大。

(2) 内部互博的劣势

"海囤全球"的自营业务和POP商家之间的冲突以及与京东大平台大贸业务之间的左右互博等内部的博弈,同样是"海囤全球"模式的劣势。"海囤全球"采用"自营和POP双轮驱动模式",这种混合模式无法避免内部的业绩争夺。出于对自营业务扶持的目的,京东全球购所采取的算法规则是,对于相同的商品,自营部分会被优先排在前列。不仅如此,为了促成最终成交,POP商家的价格很多会高于自营商品的价格。迫于资金压力的问题,京东全球购无奈之下只能选择混合模式,因为稳定的资金源自大量的POP商家缴纳的佣金,因此出现了内部博弈。

(3) 假货风险太大

"海囤全球"以中高端产品的跨境电商平台定位自己。在这种情况下,一旦平台出现假货(事实上无法在绝对意义上避免),则使消费者对平台产生严重的信任危机。前段时间的"六六—京东"事件引起的轩然大波就体现了这一点。口碑一旦滑坡,再挽回就困难了。

3. 除了提升商品质量和物流服务外,"海囤全球"等跨境进口电商在售前和售后服务方面还有什么需要完善的地方?

(1) 创新售前服务,最大限度降低退货率和退款率

采取线上和线下两种形式的市场销售形式,不仅推进消费者对于商品的购买,而且要达到最大限度增加客户需求与供给的匹配体验。线上可以

采用虚拟体验方式,利用先进的互联网技术,实现开发实景立体化销售。目前,国内跨境电商的实景销售只是模特展示的作用,可以做到更深入,深入到客户个性体验。例如在售卖服装商品时,客户可以输入图片和尺寸,进行虚拟时装试穿,客户看到效果后,对应尺寸购买合适的衣帽和服饰,增强商品与客户需求匹配度。线下则可以采用现场体验,实现线上与线下一体销售。

(2) 优化售后服务,大幅提升客户服务质量

首先,优化组合人机服务系统。优化机器人在线服务,发挥机器人回答重复性、标准性问题的优势,发挥机器人深度学习能力,节省人力成本,提高客服效率。对于客户的个性问题,一定要用人工来回答,因为只有人才具有精准识别问题、迅速沟通和解决问题的能力。要改良服务系统,能让客户在最短时间内,用最少成本与客服直接连通。其次,提升客服人员素质。客服是消费者和商家之间的桥梁,在客户服务中,客服人员素质至关重要。要对客服人员进行基本素质培训和业务技能培训,才能既有效解决问题,又能提高客户满意度。最后,对客户服务要加强管理,对客户反映和投诉的问题要设定反馈时限,大幅提高平台反馈率和反馈时效,有效、及时地解决用户问题,提升跨境进口零售电商发展服务水平。

四、课堂计划建议

本案例涉及的"海囤全球"是跨境电商领域的最新商业实践,所以在课堂开始前需要学员有基本的知识储备,对此应该针对相关领域进行预习,预习内容包括:

1. 了解京东全球购到"海囤全球"的发展史。

2. 了解"海囤全球"和天猫国际等在运营模式上区别。

3. 登陆"海囤全球"网站 http://www.jd.hk,浏览其旗下商品并了解售前、配送和售后服务。

该案例的教学时间为两个课时,约 90 分钟。

案例10：京东全球购升格为"海囤全球"遍设海外直采中心

1. 学员介绍自己预习的内容（10分钟）。

2. 播放"海囤全球"相关视频（8分钟）。

3. 教师引导案例阅读（30分钟）。在阅读过程中，可以提一些小问题引导学员思考。

4. 开放式问题（30分钟）。让学员分组讨论案例，假设他们是"海囤全球"的CEO，面临困境时需要进行哪些决策与思考，对公司未来发展有什么设想等。

5. 引导全班进一步讨论，并进行总结归纳（10分钟）。

案例 11：跨境电商中的科技品牌"黑马"
——"安克创新"

"安克创新"成立于 2011 年，是一家全球化的科技公司，是中国品牌出海的先行探索者。"安克创新"致力于塑造享誉世界的消费电子品牌，以创新技术和智能硬件为核心，通过持续不断地研发创新和市场开拓，为全球消费者提供富有科技魅力的领先产品，弘扬中国智造之美。2017 年，"安克创新"实现营收 39.12 亿元，其中有 97.52% 来自以欧美日为主的海外市场，用户分布覆盖全球 100 多个国家与地区。公司成功打造了智能充电品牌 Anker，在 WPP 与 Google 联合发布的"BrandZ TM 2018 年中国出海品牌 50 强"榜单中位列第 7，被评选为"成长最快消费电子品牌"。后相继推出 Eufy、Roav、Nebula、Soundcore 等智能硬件品牌，围绕智能充电、娱乐影音、智能家居、智能车载等领域投入产品研发和设计，产出领先行业且具有差异化优势的硬件产品，从而推进核心愿景"塑造一组标杆品牌"的实现。

回望企业的发展历程，"安克创新"还是一家年轻的公司。2011 年，湖南海翼电子商务有限公司（"安克创新"前身）在湖南注册成立；同年，集团美国公司 Fantasia Trading LLC 注册成立；公司通过亚马逊进入美国、英国、德国、法国、意大利等欧美市场销售 Anker 产品。2012 年，集团深圳研发中心（PDC）成立并自主研发的第一款产品 Anker 4500mAh 超薄移动电源上市。2013 年，公司首创 PowerIQ TM 技术，引领行业走向技术升级的新里程碑。

2014年，Anker多款产品成为Amazon北美、欧洲、日本等市场移动电源品类中的Best seller;同年，Anker入驻美国最大的连锁超市之一——Staples，拓展线下市场。2015年，公司启动中东、澳洲、南美洲、非洲、东南亚等市场线下渠道销售。2016年，海翼电商完成股份制改造，更名为湖南海翼电子商务股份有限公司;同年，海翼股份在全国中小企业股份转让系统挂牌(股票代码:839473)。2017年，董事会审议通过公司名称由"湖南海翼电子商务股份有限公司"变更为"安克创新科技股份有限公司"，公司证券简称由"海翼股份"变更为"安克创新"。

一、进军海外，成功打造线上"爆款"充电产品

2011年海翼股份创立之始，眼光即瞄准海外市场。海翼股份线上销售运营负责人朱昱告诉记者，海翼股份主要销售移动电源、数据线等产品，由于海外市场相对规范，且售价稳定，加之创始团队有海外背景，首先进军海外市场顺理成章。海翼股份产品类别有百余个，核心品牌为Anker，主打移动充电设备。打开美国亚马逊官网，输入"Anker"搜索，显示出来的产品图片左上角都贴着"Best Seller"的黄色小标签。据介绍，2016年，海翼股份位列亚马逊全球品牌卖家排行榜第一位，旗下品牌Anker是智能配件领域的"爆款"产品，在美国、欧洲、日本线上具有最高的市场份额。数据显示，六年来，海翼股份以每年超过50%的增速发展，2016年实现营业收入25.09亿元，其中国外营收占比98.48%。"我们有一套成熟的大数据监测和分析系统，可以准确地分析消费者的喜好和购买习惯、消费需求。"朱昱说，这让公司更有针对性地去改进、优化产品，从而促进产品销售。

二、布局线下，进驻沃尔玛3 000多家门店

2016年10月，Anker产品在沃尔玛美国3 000多家门店开售。海翼股

份副总经理张山峰告诉记者,从接触沃尔玛到产品成功上架,耗时1年多。2015年年中,海翼股份启动跟沃尔玛合作事宜,"那时有一种'要跟巨人握手'的忐忑感。"张山峰说,直到海翼团队去沃尔玛卖场,发现其在售的3C配件产品在规格、功能、性能、设计等方面,不同程度地落后了海翼产品半年,信心才有所提升。海翼与沃尔玛的谈判漫长而波折。"短时间内,需要按规定格式准备大量产品资料,做出符合要求的样品包装;还要专门寄一套产品到美国供其检测。"张山峰记得,沃尔玛团队还去了产品加工工厂审查,确保产品的可靠性。产品上架一年多,沃尔玛销售反馈良好。特别让张山峰自豪的是,现在双方合作,海翼已经占据"主动权"。"现在沃尔玛会主动找我们,希望某款产品能在他们的货架上销售。沃尔玛负责电子品类的全球副总裁日常管理百亿美金业务,对我们的业务模式、产品开发体系等情况都非常清楚。"与沃尔玛成功牵手后,海翼股份陆续启动了跟Best Buy以及宜家等商场的合作,并设立了中东、拉美等地区的线下销售团队,今年线下市场的比例预计接近30%。

三、注重研发,让"出海"产品更富科技魅力

12月21日,海翼股份宣布将公司名称,变更为"安克创新科技股份有限公司"。更名如此,意在突出公司"科技+电商"两大基因。这正是海翼股份从线上到线下,做活"海外"市场的诀窍所在。"Anker能在成熟市场快速崛起,电商是重要的'敲门砖',但要成为全球标杆品牌,仅靠渠道远远不够,需要产品、品牌和渠道等全面发力。"海翼股份副总张山峰说。为了打造富有科技魅力的领先产品,海翼股份以创始人为首,创建了一支顶尖的研发团队。创始人阳萌,毕业于北京大学,是德克萨斯大学奥斯汀分校计算机科学硕士,曾任谷歌高级软件工程师;第二大股东、总经理赵东平,伦敦商学院毕业,曾任戴尔中国销售总监、谷歌大中华区在线销售与运营总经理;副总经理高韬,毕业于北京大学,曾在中兴通讯、谷歌任职……"公

司每年投入数千万元用于新技术攻关、新产品研发,其中 2016 年研发投入达 8 014 万元,目前研发人员超过 450 人,超过总人数的 50%。"海翼股份研发部负责人称,这在一般外贸型企业和普遍依赖贴牌生产出口的企业看来是不可想象的。近两年,海翼股份系列产品获得国内外设计大奖近 10 项;截至 2017 年 6 月 30 日,公司在全球共获得授权专利 266 项。

案例使用说明:

跨境电商中的科技品牌"黑马"——"安克创新"

一、启发思考题

1. "安克创新"发展跨境电商成功的主要因素是什么?
2. "安克创新"是如何推动研发支撑产品发展的?
3. "安克创新"是如何开展跨境电商品牌经营的?

二、分析思路

1. "安克创新"发展跨境电商成功的主要因素是什么?

该题帮助学员理解:"安克创新"发展跨境电商成功的主要因素是什么。从品质到品牌,从精准营销到产品体系,"安克创新"以鲜明的"科技+品牌"特色在跨境电商出口领域独树一帜。

2. "安克创新"是如何推动研发支撑产品发展的?

该题帮助学员理解:组织文化与人才创新以及强劲的研发团队对产品创新的贡献。产品的竞争优势的塑造在于研发的投入与创新,研发竞争的本质是人才的竞争。

3. "安克创新"是如何开展跨境电商品牌经营的？

该题帮助学员理解：品牌化战略的实施是"安克创新"在跨境电商领域成功的关键，深刻理解"安克创新"是如何开展跨境电商品牌经营对学员学习好该案例十分重要。

三、理论依据和分析

1. "安克创新"发展跨境电商成功的主要因素是什么？

（1）强势产品塑造标杆品牌

创造品牌形象，打造高品质的强势产品，增强消费者的体验将成为保持品牌魅力的核心驱动力，为企业带来整体的溢价以及产生新的利润增长点。湖南海翼电子商务有限公司深谙此道，在 Anker 品牌建立之前，通过调查发现，笔记本电池的售价较高，在电商网站上标价在 120 美元以上，为此，公司制造出一款高性价比的电池并在亚马逊网站上售卖，定价为 30~40 美元，该款电池大获成功。通过笔记本电池的成功经验，恰逢智能手机的浪潮，公司决定花费众多心思打造高性价比的产品且注册 Anker 全球品牌，专注于生产移动电源和 USB 充电器，并不断扩散到蓝牙外设、数据线等智能数码周边产品，重点市场覆盖北美、日本及欧洲多国。在品牌经营之初，产品的质量和重复购买率是标杆品牌盈利能力的保证。Anker 极度重视产品质量，无数次对产品质量进行客户测试，通过公司的产品设计研发中心不断改进产品，始终追求尖端创新技术，结合对用户需求的洞察，打造细致入微的高品质产品服务。

（2）精准化客户营销

"安克创新"利用跨境电商 B2C 模式把产品卖向全球，并在移动电源、智能设备、新型连接设备、输入输出装置等热门领域拥有超过 2 400 万的客户。成功的秘诀在于以客户个性化产品和用户体验为中心，依据大数据分析发现欧美目标用户中高端的成熟商务人士更注重产品的品质及实用性，颜色倾向于纯黑色相对比较硬朗的颜色，这类人群对价格的敏感程度相对较低，成功的精准化定位快速开拓了英国、德国、法国、意大利等国市场。

目前,合作的电商平台有亚马逊、eBay、Buy.com、Rakuten 及以国外品牌身份登陆国内的天猫商城等。通过跨境电商的模式,欧美的消费者在亚马逊、eBay 等电子平台网站下订单,80%以上的客户可以在几天内收到产品,消费者对产品的体验和反馈信息迅速,能够在两三天内反馈产品的缺点,通过稳健的研发和供应链实现对产品快速的更新换代。同时,公司针对不同的国家制订营销策略,以消费者的精细化需求来开发移动电源新产品,注重产品品质追求完美,依据消费者体验改进产品,实现终端需求与生产供应链的无缝衔接。

(3) 专业化经营及产品线面布局

在开发新产品时,湖南海翼电子商务有限公司始终以用户需求和体验为驱动,注重于专业化经营,并以客户感受的产品和体验为中心,服务和创造客户需求,产品所在的品类占据亚马逊平台份额的 70%~80%。目前的主要产品线为充电类、音频类、手机保护类及手机周边配件。具体子产品线为充电类,例如移动电源、6 口 USB 智能充电器、车载充电器等;音频类为蓝牙音箱、电脑摄像头等;手机保护类以及其他手机周边配件等。在 USB 充电器和移动电源大获成功后,Anker 对产品进行了横向扩张,目前已经布局了键盘鼠标、IP 摄像头、音响、LED 灯等领域,并衍生了子品牌 Zolo。凭借着品牌积累效应和优质用户体验记录,公司品牌 Anker 已成为美国第一移动充电品牌,移动电源及充电产品类在欧美地区占据主导地位,全球出货量达到 1 亿部以上,市场份额遥遥领先于竞争对手。

2. "安克创新"是如何推动研发支撑产品发展的?

(1) 组织文化与人才创新

"安克创新"注重打造统一的价值观和培养企业内部各中心的精英人才。与传统企业部门设计不同,公司拥有产品中心、渠道中心、品牌中心、客服中心、客户体验中心、IT 研发中心、产品设计中心等。其中,独特的客户体验中心需要与客户打交道,提升客户满意度,还会进行数据分析,推动产品改善。公司组织文化是一种典型的硅谷文化创新模式。创始人及高层团队主要来自Google公司,有海外工作背景的年轻人居多,公司员工遍布全球,聚集大量管理、技术、市场精英,同时具备在欧美网络营销方面的经验和人脉。

另外,不断创新,鼓励冒险,敢于冒险,宽容失败,拥有改变世界的情怀,这些都成为海翼组织文化的精髓,这可以从公司人才招聘要求体现出来。短短几年间,这种独特的组织文化吸引了无数名校学子争相追逐。在人才培养方面,公司实行导师制,为每一位新员工配备"师傅型"的导师,完成新人到职场人的培训,包括业务技能培训和公司文化培训。同时,公司设立"海翼学院"并定时开课,提高员工的竞争力。"导师制"与"海翼学院"及公司创始人的人格魅力吸引了新一代年轻人的追随,公司内部形成了良好的工作团队氛围。

(2) 强劲的研发团队

Anker品牌关键成功因素之一在于拥有强劲的研发团队。2012年6月,湖南海翼电子商务有限公司在深圳设立了海翼科技公司,拥有超过100位的研发工程师专注产品研发,在每个产品领域里面覆盖最新的技术并同时借鉴华为研发流程来管控,能做到同时10个产品在研发并保证按时交付,每个星期发布2—3个新品,力求将产品的外观、技术和功能做到全球最新。在物流配套方面,在深圳建立物流质检团队,并自建"海外仓"的物流配送服务渠道实现。

3. "安克创新"是如何开展跨境电商品牌经营的?

(1) 站在全球化高度,打造跨境电商个性化品牌

Anker品牌的魅力源于产品调研能力、产品质量能力、工业制造能力和广告营销能力。以亚马逊平台一款移动电源20 000 mAH为例,Anker投入了大量的前期调研和资深用户样品测试,不断改良产品性能后再投放市场,售价定为39.99美元,竞争对手的价格大致相当,但性能却不如Anker。高性价比的移动电源和首创多口USB充电器树立了Anker品牌质量上乘、专

注新产品研发的形象,提高了品牌知名度和市场竞争力。

(2) 选择合适的跨境电商平台

从 Anker 品牌的经验来看,最初是先把产品上架到美国最大电商亚马逊平台进行售卖并大获成功,以相同的经营模式把产品扩展至 eBay 平台。目前,跨境贸易平台有两种模式,分别是借助第三方平台模式和自建电商模式。第三方跨境电商平台主要包括亚马逊、eBay、速卖通三大平台。跨境电商企业可根据自身的产品特点和综合能力,选择合适的跨境电商平台实现经营。

(3) 细分市场,把握个性化需求

Anker 品牌的目标消费者为欧美中高端商务人士和资深 3C 领域的零配件发烧友。在推出新的消费品类之前均会进行大量调查,确保消费者的需求、外部配合的零部件供应商质量等资源配套的情况下,才会确定启动新的品类。如根据北美消费者对苹果、三星手机的需求,开发出这两款手机专用的锂离子电池、屏幕保护膜等产品,拓宽了产品面。

(4) 构建线上线下渠道,多维度提高品牌知名度

在跨境电商平台亚马逊和 eBay 经营获得一定的品牌价值后,Anker 积极打通线下的实体渠道,通过分销商将产品销售至线下,从而大幅度提高品牌的曝光度。2014 年 11 月,Anker 入驻美国连锁超市 Staples,全面拓展线下销售市场。2015 年 4 月,Anker 在法国与家居用品商家宜家建立合作关系。通过分销渠道,Anker 的全球市场覆盖面高达 30 多个国家,业内推崇为"Anker 模式"。

(5) 海外库存的管控,维护品牌信用度

Anker 对每一款在线销售产品的库存情况实施实时监控,新品数量、旧品数量、海外仓库库存情况均有详细的记录,以避免库存积压。

四、课堂计划建议

本案例涉及的跨境电商品牌出海,对于学员来讲是一个比较新的领域,所以在课堂开始前需要学员有基本的知识储备,对此应该针对相关领域进

行预习,预习内容包括:

1. 理解什么是跨境电商品牌出海,了解国内目前跨境电商出口产品的"红海现象"(产品同质化竞争严重),分析跨境电商中的科技品牌"黑马""安克创新"的特点和商业模式,快速发展的原因以及存在的风险。

2. 了解国家跨境电商出口品牌塑造对出海企业的影响。

3. 登陆 Amazon 网站 http://www.amazon.com/,搜索 Anker 品牌,浏览 Anker 产品的展现和销售情况,了解"安克创新"的产品线和品牌的口碑。

该案例的教学时间为两个课时,约 90 分钟。

1. 学员介绍自己预习的内容(10 分钟)。

2. 播放优酷网内"安克创新"(anker)相关视频(8 分钟)。

3. 教师引导案例阅读(30 分钟)。在阅读过程中,可以提一些小问题引导学员思考。

4. 开放式问题(30 分钟)。让学员分组讨论案例,假设他们是"安克创新"的 CEO,面临困境时需要进行哪些决策与思考,对公司未来发展有什么设想等。

5. 引导全班进一步讨论,并进行总结归纳(10 分钟)。

案例12："速卖通"：跨境电商正与中国品牌共同成长

"速卖通"（AliExpress）是阿里巴巴旗下的外贸电商平台，2010年4月正式上线，主要的业务模式是B2C模式，同时也有涉及B2B模式，现在已经拥有2亿多的海外流量和17种语言种类，覆盖了243个国家和地区。"速卖通"覆盖的行业有服装服饰、家居、3C、饰品、手机通讯、假发配件、珠宝手表、家居园艺、运动户外、消费电子、汽摩配、鞋子等几十种行业类目，目前"速卖通"是全球第三大英文在线购物网站。

从2010年上线到2014年期间，AliExpress每年成交额保持300%到500%增长，在线商品数量已达到亿级，订单成功覆盖全球220多个国家和地区，平台卖家20多万，注册的"速卖通"账号包含未开店的已接近200万。

2014年11月11日，平台第一次参加全球化"天猫双十一"，24小时创下684万笔交易订单，当天有效订单覆盖211个国家和地区。

2015年4月，"速卖通"上线五周年，启动全新logo，将从"购物车"全面升级为"smart shopping, better living"，继续为220多个国家和地区全球消费者提供更丰富、高性价比、兼具品质的一站式购物平台。

2015年"速卖通"上来自全球的买家人数达到了3 400万，而且在2016年这个数字翻倍增长，达到了1亿的活跃买家数量。预计到2020年，"速卖通"的买家数量可能会达到20亿左右。

2016年,"速卖通"重新更改政策,从C2C转型B2C,开始类目商品收费,入驻也需要很多资质条件,在产品质量等方面加强管理,严打侵权行为,并且要把不交钱的、考核资质不通过的都清退出"速卖通"。同时,为了更好地服务各个国家的顾客,根据许多买家的反馈与意见对"速卖通"平台进行了政策调整,加强了对纠纷的管理,并进一步改善网站平台给买家带来的体验。在2016年下半年,为了满足客户,让客户更快地收到商品,"速卖通"加强优化了物流系统,对于卖家的备货时间等提出了更高的要求。

2018年,"速卖通"数据显示,有230多个国家和地区的消费者通过"速卖通"参与了"天猫双11"购物狂欢,74个国家买家数增长超100%;65个国家的销售额涨幅超过100%,占全球近三分之一。

一、物流成本和效率成为电商的瓶颈

电商"出海",需要不断完善与其相关的基础设施,这往往是制约电商进一步发展的瓶颈。在物流方面,由于涉及国家众多,各个国家物流发展水平及信息化程度参差不齐,海外物流公司能力不强,主要依靠当地的邮政系统,因此,跨境电商还需要解决"最后一公里"等问题。

2013年,"速卖通"在俄罗斯开展的一次促销活动在一天内产生了17万个包裹,而彼时俄罗斯邮政一天的包裹处理能力大概也只有3万个,这造成大量的包裹积压在俄罗斯海关,极大地影响了消费体验。

"速卖通"总经理王明强表示,目前"速卖通"已在俄罗斯、西班牙、法国等地建立了海外仓,大大提升物流时效,不少城市已经实现了当日达或次日达。此外,通过合单、专线包机、海铁联运等方式,针对不同国家寻找不同的解决方案。

王明强介绍,2018年"双十一","速卖通"平台联合菜鸟在常态包机基础上再投入40余架次包机,重点覆盖俄罗斯和欧洲等市场,保证大促商品在15天内签收。其中,联合菜鸟投入19架小型飞机和2架747飞机专供俄罗斯,海运班次从每周一次提高到每周两次。通过搭建欧洲十国无忧线路,保障85%的货品15日到达消费者手中。

二、支付困境

中国在电子支付上走在世界前列,但不少国家仍比较落后,不同国家的海外用户的支付能力迥异:有的国家能用借记卡,有的连银行卡都没有,只能通过线下的现金支付,不同国家在支付方面也有不一样的政策。比如中东、印度、东南亚、拉美等地,目前的支付手段还是以现金为主。很多国家的信用卡渗透率也有限,或者当地有分期付款的购物习惯,很多消费者在初次下单时都会担心支付信息的安全问题,支付机构一般在跨境支付中会收取更高的费用。

王明强表示,"速卖通"与蚂蚁金服正在全球主要市场花费大量精力来解决支付问题。目前,在其全球主要市场支付的覆盖率和成功率能够达到90%,这在客观上也完善了部分国家支付的基础设施。

案例使用说明:

"速卖通":跨境电商正与中国品牌共同成长

一、启发思考题

1. "速卖通"的平台管理模式经历了哪几个阶段,为什么?
2. 作为跨境电商平台,"速卖通"从哪几个层面改善了生产商的交易处境?
3. 结合案例和其他资料,说明跨境电商平台发展遇到哪些瓶颈?

二、分析思路

1."速卖通"的平台管理模式经历了哪几个阶段,为什么?

该题帮助学员理解:在不同的发展阶段,平台商有着不同的运营模式。

2.作为跨境电商平台,"速卖通"从哪几个层面改善了生产商的交易处境?

该题帮助学员理解:为什么"速卖通"对入驻厂商收取高昂费用,并制定严格的入驻准则和交易规则,仍可以吸引生产商纷纷入驻。

3.结合案例和其他资料,说明跨境电商平台发展遇到哪些瓶颈?

该题帮助学员更深入地理解跨境电商所遇到的物流、支付和监管体系方面的困境。

三、理论分析依据

1."速卖通"的平台管理模式经历了哪几个阶段,为什么?

第一阶段:零门槛入驻,依靠丰富的产品池,强势攻占海外市场

2009年9月,全球"速卖通"上线,交纳19 800元年费成为中国供应商即可免费使用。主攻美国市场。

2010年4月,全面开放,所有用户免费注册运营,单笔收取交易总额5%左右的佣金。

2012年9月,"速卖通"开通淘代销,"速卖通"卖家后台和淘宝卖家后台打通,引入海量商品。减少美国市场投入,重点发力俄罗斯、巴西市场。

第二阶段:逐步抑制疯狂铺品,另一方面重视物流、系统、规则等服务体系优化

2013年3月,"速卖通"陆续关闭淘代销工具,淘代销商品数量限制从5 000个调整到500个,鼓励精细化运营。

2014年8月,个别类目逐步出台3~5万不等的年费政策。部分行业类目实行了招商准入。

2015年底,2016年新规出台,全面引入3~10万不等的年费制度。加强对于商家服务指标考核,增加考核不达标关店机制。

第三阶段:逐步提高门槛,往品牌化、品质化的方向不断推进

2016年底,2017年新规出台,启动全行业商标化,清理个人账户,新用户注册只接受企业身份。

2017年,个别类目商家清理,引入品牌封闭管理机制。

由此可见,"速卖通"的平台管理经历了由自由注册到招标准入,从减免费用到全面收费,从个体入驻到企业入驻的转变。这反映了不同阶段跨境电商平台的发展诉求:前期迅速铺货,占领市场,在占领市场后逐渐加强对供应商的管控,提高入驻门槛,往品牌化、品质化方向迈进,同时针对跨境电商的特殊性,完善物流、系统和规则,清退不合格商家。这一发展路径的根本原因是平台商渠道权利的不断扩大:创业之初,求着供应商入驻平台,而成长为电商巨头后,不但对供应商进行严格筛选把关,还可以收取高昂的平台费用。

2. 作为跨境电商平台,"速卖通"从哪几个层面改善了生产商的交易处境?

(1) 跨境电商可以降低生产商的交易成本

生产商交易成本包含的内容比较丰富,如信息成本、谈判成本、监控成本和法律成本等,而跨境电商可以使企业这一系列成本得到系统性降低,不仅能够为传统大型企业带来更多收益,也为中小企业产品走向国际直接降低了规模门槛。从这一角度来看,中小制造企业更加热衷于开展跨境电商业务。

(2) 跨境电商可以快速将企业产品推向国际市场

相较于传统贸易,跨境电商在产品特征、国际市场营销、交易流程、支付方式、国际物流等方面都有显著改变。在营销方式上,网络营销更加多样化,企业可以通过网络广告将产品快速推向国际市场,同时跨境电商可以轻松实现商家与消费者的在线互动,如在线咨询、订购、查询等,而对于传统贸易,将产品大范围推广到国际市场是一项巨大工程,需要相当长一段时间,并付出不菲的成本。

(3) 跨境电商提升生产商产品差异化程度

生产商获取竞争优势的战略主要有三种:一是成本领先战略,即在同行业中以最低的成本生产产品或提供服务;二是差异化战略,即企业能够制造出具有差异化的产品与服务,进而开辟新市场或填补市场空白;三是专一化战略,即选择一个利基市场,从产品质量、速度和效益上形成竞争优势。而跨境电商可以使制造企业更容易获取差异化竞争优势:首先,电子商务可以提升企业对市场反应的灵敏度,即快速捕捉商业环境的变化并进行产品更新、改变经营策略和服务等;其次,电子商务更适合企业实行定制化生产,网络市场、信息中介和门户网站等将使仅提供供给、需求、价格信息功能的传统中介退出历史舞台,企业将直接面对顾客和用户,更好地了解用户的要求和购买习惯,进行定制化生产。

(4) 跨境电商提升企业服务水平

电子商务可以使企业服务更加精准化、便利化和远程化,能够向顾客提供更全面和更专业的产品信息,告知用户如何使用和维护产品等。跨境电商提高了客户服务总量,因为企业在传统经营方式下所拥有的客户数量越多,在一定交易成本约束条件下为客户提供的服务就会越少,而跨境电商可以使较多客户数量条件下客户服务数量提升到较高水平。

3. 结合案例和其它资料,说明跨境电商平台发展遇到哪些瓶颈?

(1) 跨境物流问题

订单小、批次多和采购周期短是制造业跨境电子商务的特点,因此制造业跨境电子商务对物流的速度要求较高。跨境电商物流大致有以下四个步骤:第一,卖家通过国内物流把货物送到出口地海关;第二,出口地海关做好集装箱后,通过空运、海运送往海外机场、港口;第三,做入境清关,再送往海外当地的物流商仓库;第四,利用国外的物流进行送货。整个物流环节复杂又繁琐,导致了其在运输配送上的周期过长,成本居高不下,包裹的破损率和丢包率较高,退换货物流过程难以实现等困境。因此,物流成本、物流速度、物流安全性,以及消费者在物流途中对商品追踪的感受,都是企业在选择跨境物流时需要考虑的因素。如果一味追求低成本,那么物流速度会很慢,供货时间也会延长,消费者的满意度也会下降,也会导致忠实客户流失;而如果一味追求跨境物流的服务质量,制造业跨境电商企业会难以承受过高的物流成本。因此,跨境电商亟须创新物流配送模式,使跨境物流与快速发展的跨境电子商务相匹配,缓解跨境物流服务质量好坏和跨境物流成本高低之间的矛盾。制造业跨境电商与物流相伴共生,制造业跨境电商离不开跨境物流。解决中国制造业跨境电商物流困境,有助于制造业跨境电商产业整体的提高。

(2) 跨境支付问题

随着全球一体化的加速,制造业跨境电商交易日趋频繁。相对于国内电商而言,制造业跨境电商的支付多了一项付汇(出境)功能,也就是说支付机构须持有互联网跨境支付牌照才支持制造业跨境电商支付。支付机构在制造业跨境电商中具有至关重要的作用,安全的支付通道是制造业跨境电子商务实现闭环的保障。发展制造业跨境电子商务的核心要素有信息流和资金流,如果支付环节无法打通,那资金就不能正常流动。便捷和安全是跨境支付最关注的两个方面,但目前跨境支付还很难同时兼顾,降低了消费者的购买意愿,因此,制造业跨境电子商务市场规模的扩大也受到影响。

第三方支付工具、境外电子支付平台是我国制造业跨境电商的主要支付方式。在使用第三方支付工具时不需要交易费用,受到消费者的青睐,在一定程度上促进了制造业跨境电子商务的发展。但在处理境外业务时,第三方支付企业无法跟交易双方实际接触,对跨境交易的交易背景、交易金额的真实流向无法审核,完全相当于一个中介存在着,跨境违法交易日益频繁。此外,我国还没有专门的法律对跨境支付进行监管,我国监管机构也还不能有效监管境外的支付机构。境外电子支付平台主要有 T/T(电汇)、西方联盟、Pay Pal 等,每一种收款方式都有着各自的优缺点。目前,Pay Pal 普遍使用于大部分外国购物网站,但Pay Pal在国内无法取款,使得消费者跨境购物时会对交易安全产生担忧,这对我国跨境电子商务C2C模式的发展产生阻碍作用。我国跨境电子商务还需要探索设计更多更适合我国的跨境支付途径,以解决其覆盖范围不够、便捷性和通过性差等问题。

(3) 监管政策体系问题

我国制造业跨境电商是近几年的新型产业之一,相关监管政策体系的建设明显滞后。到目前为止,只有海关系统出台了专门政策,国家质检总局、外汇管理局等还没有对制造业跨境电商的通关程序、税收等方面建立完善的监管制度。例如,通过航空小包或者快递等方式的门户类跨境小额批发无法纳入海关货物贸易监管与统计,使得漏税现象严重。薄弱的监管政策体系给虚假宣传可乘之机,容易发生非法交易甚至欺诈行为。由于缺乏相应的知识产权保护,侵犯知识产权的行为没有得到很好的控制,导致海外消费者投诉率持续高涨。据eBay相关统计结果显示,在eBay完成的跨国交易中,全球平均每100笔有2.5个投诉,而中国卖家平均每100笔有5.8个投诉,是全球平均水平的两倍之多。因此,为维护交易秩序,部分国外电子商务平台对中国的卖家制定了更为严格的规定,如更高的佣金或者更严厉的处罚措施。这不利于我国外贸电商的集体形象,也不利于开展制造业跨境电子商务贸易活动。法律法规为制造业跨境电商健康发展提供有力保障,推动制造业跨境电商的进一步发展。只有建立良好的监管体系和完善的法律法规,才能为整个制造业跨境电商提供更好的体验。

四、课堂计划建议

本案例涉及跨境电商平台的发展阶段和瓶颈等问题,所以在课堂开始前需要学员有基本的知识储备,对此应该针对相关领域进行预习,预习内容包括:

1. 了解"速卖通"的管理模式和发展路径,分析其快速发展的原因以及存在的风险。

2. 了解目前的跨境电商规模和主要的跨境电商平台。

3. 登录"速卖通"网站http://seller.aliexpress.com/，学习入驻规则、商铺发布规则和交易规则。

该案例的教学时间为两个课时，约90分钟。

1. 学员介绍自己预习的内容(10分钟)。

2. 播放"速卖通"介绍视频(8分钟)。

3. 教师引导案例阅读(30分钟)。在阅读过程中，可以提一些小问题引导学员思考。

4. 开放式问题(30分钟)。假设学员们是"速卖通"的总经理，面临困境时需要进行哪些决策与思考，对公司未来发展有什么设想等。

5. 引导全班进一步讨论，并进行总结归纳(10分钟)。

案例13:天猫国际引领的跨境进口电商潮

阿里海淘战略始于2013年,一年时间内完成了从海关合作模式创新到商家引入的工作。天猫国际的入驻商家均需接受阿里统一的服务标准,例如72小时内发货、中文旺旺客服、中国境内退货点等。阿里亦用平台优势回馈了海外商家们,天猫国际与杭州海关合作模式的创新基于数据共享上,海关可直接看到谁在以什么价格购买什么商品,进而高效筛选、快速清关。

2013年初,身为天猫国际负责人的赵晨率领团队正为秘密项目"天猫国际"寻找海外合作商家。一年后,他推动天猫国际(tmall.hk)正式上线,入驻合作商户达到200余家,其中不乏声名赫赫的商家,例如香港排名第一、第二的化妆品集团SASA、卓悦,台湾最大的电视购物频道东森严选,日本线上最大药妆网站kenko等。天猫国际是阿里巴巴集团在2014年02月19日当天宣布正式上线的,天猫国际主要是为国内消费者直供海外原装进口商品。2018年12月28日,天猫国际对外公布了新年发展计划:布局新增试点城市,3年内达到20个保税仓及10个海外仓,以支撑海外六大采购中心的商品输出。

除了阿里,这片高速成长的蓝海市场亦正吸引京东、苏宁等大玩家,天猫国际负责人赵晨表示:"我们不担心增长,而是担心自己如何快速地满足消费者的需求"。

一、阿里系内部整合

目前,阿里仍然是大玩家中动作最快的海淘者。

根据统计,2010年以来中国海淘市场每年规模增速均超过100%以上。支付宝2012年公布的统计数据显示,中国海淘消费规模同比增长117%,这一数字几乎是国内网购市场的两倍。而根据中国电子商务研究中心的监测数据,海淘市场规模已达700亿元人民币。"阿里收集的海淘数据已超过1 000亿规模,很快就是数千亿量级的市场。"赵晨说。

自人民币对美元于2005年大幅升值开始,中国消费者荷包里的人民币境外购买力,相对于国内持续通货膨胀的物价,大幅升值约30%。2009年,当北美及欧洲市场深陷金融危机后,GAP等大型全球品牌紧急大幅降价清空库存,亦令中国海淘市场在人民币升值与海外品牌削价,此一涨一跌之间快速培养了消费者习惯,进一步刺激了中国消费者的海外私人代购及后来崛起的海淘市场。

当然,私人代购与自助海淘是两种模式。前者流程简单,但无法避免商品真假难辨的问题;后者需经历寻找转运公司、了解转运仓库是否位于免税州、确认所购商品的交税标准等复杂流程,且物流时效不可控,甚至出现为宝宝买衣服4个月后寄到,而宝宝已长大的困扰。加之,海外购物网站流程各异、购买者需有相应的英文能力,令自助海淘一族的规模一直难以再次扩大。

然而出身天猫的赵晨对于"天猫国际模式"构想便是建立于此,"把代购商品不确定性去掉,又让海淘模式变简单",这令天猫国际变成介于海淘与代购之间的新模式。

天猫国际规划的入驻商家是消费者自助海淘的目标:海外零售商、品牌商等,由其直接提供"确定性商品、服务和时效",并让中间流程"像在淘宝上买东西一样的简单",而商家100%来自海外,这也成了天猫国际与天猫

（tmall.com）、淘宝全球购（global.taobao.com）的差异化定位。

事实上，因天猫国际的诞生受影响最大的电商品牌，可能正是这两大兄弟平台。天猫有海外品牌自身旗舰店，还有不少经营海外商品商家。而"全球购"则是2007年便成立的专门瞄向海外代购市场的平台，其提供"全球购认证商户""全球购专业买手"两类认证，认证商户的要求是国内或国外注册的进口贸易商，得到认证即可在淘宝主搜索页显示紫色的"全球购商品球标"标识，而业余代购类卖家的身份处理上，虽然其不能得到认证，但只要能提供采购和物流凭证，在宝贝发布页面可自行选择采购地为"海外及港澳台"，当消费者在主搜索筛选"海外商品"时亦能找到其代购的海外商品。

而天猫国际入驻商家的基本条件则须拥有海外公司实体、拥有海外零售贸易资质以及有品牌授权或进货凭证。在淘宝主搜索排序时，"天猫国际"商家相比"全球购"会优先显示。

虽然是兄弟阋墙，但阿里亦为此重调内部组织架构，与其让对手参与竞争消灭机会，不如左右互博，一举覆盖及扩大各种电商购物需求，此一直为阿里电商的战略。

2014年1月正式成立的阿里"国际B2C事业部"将"天猫国际"和"淘宝全球购"归入旗下。此前，"国际B2C"业务板块与"国际B2B"一起划归阿里巴巴集团副总裁吴敏芝管辖，但都只针对出口业务。全新独立的"国际B2C事业部"则既有针对"出口"的"速卖通"（AliExpress），也有天猫国际和淘宝全球购两大进口平台。国际B2C事业部总负责人为吴倩，她亦同时担任2月份新成立的"O2O事业部"总经理。

赵晨表示，"新业务是单独的资源投入（保持独立性），才能响应这个快速增长的市场。"言谈间他并不担心竞争，而是希望先建立消费者的信任，一同来做大市场"蛋糕"。

二、天猫国际招商战法

在选定天猫国际的模式方向后,赵晨率领团队开始全世界跑,寻找海外商家。商家的海外身份是天猫国际的定位王牌,但如同中国电子商务研究中心分析师莫岱青所言,"天猫国际的难点又恰恰是在找齐商家。"

因为天猫国际对入驻商家的要求,除海外资质的准入限定,在中国国内退货、中文旺旺客服、支付宝接入等一揽子服务要求皆能满足的海外商家并不多。中投顾问零售行业研究员杜岩宏表示,"阿里的规划确实对合作伙伴有较高的要求,但是相比国内不断增强的购买力以及不断扩张的市场而言,海外商家仍然认为天猫国际拥有诱惑力。"

对于大牌商户来说,这些操作层面的细节亦不会成为其雄心的障碍,通常其在海外本土提供的服务标准更高,例如美国市场无理由退货时间为30天。而商品信息汉字化、中文客服、国内退货点等事宜,天猫也有现成的代运营服务商生态体系支持,能帮助海外商家仅用一个月时间即迅速接入天猫国际,这是阿里相对于其他电商品牌的优势。

但真正的难点是战略选择。面对天猫国际的邀约,零售商自问:"我的中国策略是什么?"自建平台还是依托合作方?品牌商不得不考虑线上、线下的销售策略,以及既有跨国价格体系是否会摇摇欲坠?对大多已进入中国市场的品牌和渠道商而言需要时间进行自我调整。

以花王集团为例,旗下"妙而舒"纸尿裤是中国妈妈们的海淘热门货。相比用户自发的海外代购、进口贸易商渠道等,花王的天猫官方旗舰店等自建渠道销量相差悬殊。花王中国公关主管毛莉敏认为,"对于混乱的渠道,花王能做的甚少,因为整理渠道需要精力、时间与投入,目前花王也只能先确保自建渠道的产品和服务质量。"

不过,目前尚未进入中国者大有人在。"阿里巴巴"这张响亮名片是叩开其大门的关键,况且彼时阿里已有三四年时间的海外布局,其中支付宝是最早出海建立合作关系的,这些关系便是赵晨最初依仗的资源。"我们其实当时就是基于支付宝建立的关系开始全世界'乱'跑的",他表示。

在"没网站、没流量",天猫国际还只是一个概念阶段时,赵晨回忆:"就是靠诚意,让人觉得你真的很想做成这件事。"一旦谈成第一家,便有榜样效应,他表示,"在香港拿下卓悦、SASA后,香港市场就不成问题了;台湾签下东森,台湾市场也就打开了;日本与Nissen合作,其他也就接连仿效而来。"

目前,全球范围内有不少商户主动提出了入驻要求。但是,刚超过200家的商家数量远远无法令赵晨满意,"商品仍然不是特别的丰富",这是其心头大患,当务之急他认为是"快速引入更多商家、提供更好的商品"。他预期,年底商家数量将达数千家。

为了快速地组织海外的中小型零售商,去年"双十一"与天猫合作、"双十二"又与苏宁易购"全球购"合作的海淘平台——"洋码头"也成为天猫国际的入驻商家。

"洋码头"于2011年进入海淘市场,已直接对接了百余家美国商家,其市场部总监李莎认为,"我们作为早期进入者,积累了商家资源,所以我们可以帮助天猫国际等平台快速获得商家。"

已经进驻天猫国际的海外商家一方面享受着三个月订单量上涨10倍的平台红利,另一方面亦快速转变思维。中国内地的电商市场运营套路和其所熟悉的规则有些部分大为不同,比如海外市场靠搜索引擎来获取流量,发布越多商品,就能带来越多流量;而中国消费者没有在搜索引擎上搜索商品的习惯,而是直接去淘宝上搜索,导致天猫流量分配机制与国外截然不同。幸好"直购进口"模式令其无库存风险之忧,可将所有商品信息都发布呈现,再按订单需求直接海外发货,无须提前进口整箱货物,商家可灵活地试验各类销售方式。

据悉,在杭州海关之后,上海、重庆等地首批跨境电子商务试点城市的海关也已进入系统对接的研发过程。此刻,海淘市场数千亿人民币规模的激烈厮杀才初露端倪,阿里却已先发制人。

案例13：天猫国际引领的跨境进口电商潮

 **案例使用说明：**

天猫国际引领的跨境进口电商潮

一、启发思考题

1. 如何理解海淘与代购？
2. 天猫国际解决了消费者在全球购中的哪些痛点？
3. 消费者视角下天猫国际面临的问题有哪些？

二、分析思路

1. 如何理解海淘与代购？

该题帮助学员理解：海淘与代购的概念和存在的问题。跨境电商的雏形源于海淘、个人代购等模式，在多种因素刺激下，我国跨境电子商务市场逐渐发展起来，跨境电商的形式也不再拘泥于海淘与个人代购，逐渐实现了规模化、企业化发展。作为跨境发展的商业活动，理解海淘和代购将有利于学员厘清跨境电商的发展轨迹和发展规律。

2. 天猫国际解决了消费者在全球购中的哪些痛点？

该题帮助学员理解：天猫国际解决了消费者在全球购中的主要痛点。天猫国际在消费者自己海淘和代购两种模式之间，针对两种模式的痛点，找到切入点满足用户购买海外商品的需求。天猫国际规划的入驻商家是消费者自助海淘的目标：海外零售商、品牌商等，由其直接提供"确定性商品、服务和时效"，并让中间流程"像在淘宝上买东西一样简单"，而商家100%来自海外。

3. 消费者视角下天猫国际面临的问题有哪些？

该题帮助学员理解：分析消费者视角下天猫国际面临的问题。一切成功的商业行为都是因为能够很好地满足用户需求，解决消费者问题。天猫国际不断前行的过程正是不断解决消费者问题，持续提升消费者体验的过程。

三、理论依据和分析

1. 如何理解海淘与代购？

所谓海淘，是指通过互联网搜索国外商品信息，并以电子订单形式发出购物需求，通过国外购物网站由国际快递或转运公司代收货物，再转寄到买方所在国。所谓代购，是指通过身在国外的个人从当地购买所需要的商品，以国际邮政包裹、快递等方式递送到买方所在国，或者随人直接携带回国。在跨境电商尚未兴起之前，海淘与代购一直是消费者购买国外商品的主要途径。不过，海淘与代购都存在很多痛点，主要表现在货源、价格、物流、售后等方面。

海淘存在的主要问题：一是商品品类存在局限性，这样的问题同样存在于代购方面，如海淘商品品类主要集中于母婴用品、化妆品、服装鞋包等；二是商品自身存在使用上的劣势，如语言、质量标准、市场准入限制等；三是购物体验差，消费者需要提前针对商品做大量工作，特别是需要熟悉国外网站的语言，适应其网站布局形式以及商品销售方式等；四是物流时间久，从国外网站配送到国内的时间周期较长，短则一个月，长则几个月，还有些网站并不支持直邮，需要买方自行联系转运公司进行转运；五是售后服务得不到保障，大部分国外网站不支持对其他国家消费者的售后服务，商品出现问题产生退换货的风险也比较高，使消费者的权益无法得到充分保障。

代购存在的主要问题：一是商品品类存在局限性，这一点与海淘相同；二是货源价格高，大部分个人代购是通过居住在国外的亲戚朋友进行的，商品的价格也体现为市场零售价，再加上跨境物流费用等，抬高了商品的最终购买价格；三是货源供应不稳定，由于是从市场零售渠道购买商品，因此会受到渠道商品库存与供应的制约；四是法律风险高，大多数商品流入国内是没有缴税的，一旦被发现就需要补缴，并可能承担相应的法律责任，此外还存在商品被海关扣留的风险;五是卖家投入高,卖家需要事先购买商品,需要垫付资金,同时还要负责商品的挑选、销售以及分拣、包装、物流等过程,付出的精力也很多;六是物流风险,代购商品大多选用国际邮政包装方式,大部分无法跟踪物流进度,运输中也很容易出现货物丢失、毁损等问题。

2. 天猫国际解决了消费者在全球购中的哪些痛点?

(1) 消费者在全球购中的三大痛点

消费者在全球购中有三个痛点:一是质量。如今消费者普遍认为国外商品质量好于国内;二是价格承受力。消费者出境游过程中发现国外的商品价格完全可以负担得起,而国内同样的商品价格却高很多,也由此催生了海外购的市场需求;三是买不到。有不少如保健品之类的商品因受国内政策监管很难买到,但是消费者又有需求。这三个痛点成为跨境电商的机会点。

(2) 天猫国际的举措

一是保证高质量的产品。天猫国际的负责人表示,之所以当前海外供应商采用邀约制,而不是像淘宝那样开店,就是为了确保供应链可追溯,保证商品的品质。

二是价格保障。对于消费者复购率高且对价格敏感的商品,如奶粉、纸尿裤等,目前天猫国际与在某些单品采购和供应中最有优势的海外商家合作,以此取得更好的价格,天猫国际会将这些产品重点备货。

三是保证商品的丰富度。在单品的选择中,除了中国消费者熟悉的日本马桶盖、电饭煲等产品,天猫国际还在关注各国国内热销但中国消费者还不太熟悉的产品,并且准备引入中国市场,以此来挖掘消费者的潜在需求。在合作的商家中,除了与产品线丰富的大型海外商超合作,未来天猫国际将会与免税店合作,与有特色的海外垂直电商合作,并且逐一开出国家馆,从品种上丰富消费者的选择。

3. 消费者视角下天猫国际面临的问题有哪些?

(1) 物流风险大、速度慢

物流问题一直是跨境电商最大的痛点之一,天猫国际也不例外,面临物流风险大、物流速度慢等各种运输问题。进口跨境运输环节多、产业链长、阻碍大,而且各国的物流环节和运营方式都不尽相同,导致在天猫国际购买的货物在仓储服务、配送信息、客服等事项上衔接不畅,丢包、坏包的事故常有发生。同时,不管是海外直邮还是保税区发货,报关和报检是进口商品的必经程序,繁琐的通关手续增加了运输时间,使得物流问题成为天猫国际发展的一道障碍。虽然天猫国际宣称国内保税区7日必达,海外发货14日必达,晚到必赔。事实上,一件海外的商品能否如期到达消费者手中,影响因素至少包括商家是否按期发货,物流公司有没有高效率运输,海关清关手续是否顺利,这其中很多都是天猫国际无法控制也不可能控制的,天猫国际又拿什么保证必达,估计也只能做到赔偿了。偶尔也有消费者反映等待超过一两个月,使得消费者交易信心大大下降。

(2) 产品单一化,选择地域小

天猫国际运营时间只有两年多,主营商品品种集中在美妆个护、食品保健、母婴用品、服饰鞋包和生活数码五大类,其中生活数码类东西不是很多,最多的依然是一些常见的各大品牌的奶粉、尿布、护肤品等,与唯品会、小红书、蜜桃、洋码头等小而美的软件重复率过高,缺少特色。而且这些商品通常偏女性化,对于男性消费者吸引力不大,而海淘和代购在选择商品上则具有更多的选择性,种类也更多。此外,目前天猫国际中可供选择的仅有美国、日本、韩国、澳大利亚、新西兰、英国、德国、意大利、泰国、荷兰、法国、西班牙、加拿大、中国香港和中国台湾等15个国家和地区,不能很好地满足消费者对世界其他国家和地区的商品需求,而像俄罗斯、新加坡、马来西亚、印度等国家的产品在中国其实也很有市场。

(3) 质量无法保证

我国中产阶级人数不断增多,2015年已达到1.09亿,成为世界第一,并且明显地呈现出年轻化,这些人群对商品质量的敏感程度远远超过价格。再加上国内频繁出现的食品安全问题,使得消费者在购买母婴、食品和化妆品类产品等关系到身体健康问题的热销产品时更注重产品的真伪,也更愿意多花一些钱去购买正品。天猫国际保证"百分之百海外商家""百分之百海外正品"和"百分之百海外直邮",但是天猫国际毕竟不是产品的生产者,也不是产品的直接销售者,只是提供一个平台而已,所以除了通过抽检发现不合格产品,永久不允许该品牌在天猫国际出现之外,事实上没法保证每一个消费者在天猫国际买到的产品均是正品。甚至有消费者认为有些不法商家在国外制假之后,通过天猫国际平台堂而皇之地进入国内市场,而且在天猫国际的买家评价中,有消费者反馈存在正品和假货混着卖的现象。

(4) 售后服务不到位,退换货困难

天猫国际的客户很多是原来天猫商城的客户,已经习惯了"七天无理由退货",购买或者赠送运费险之后可以零成本退换货。而在天猫国际购物时,很多商家直接说明不给予退换货服务,即使提供此项服务,也需要顾客自己承担关税和运费,有时这些费用加起来已经接近或超过货物本身的价值,所以很多顾客只能把购买的商品置之高阁或者转送别人。尽管天猫国际也适时推广"七天放心退"业务,但是普及率并不高,比如热销的奶粉在天猫国际总共有将近 3 000 个宝贝曝光,但是只有 160 个宝贝声明提供"七天放心退"服务。同时,由于各国法律适用的不同、运输地域跨度大等问题,使得天猫国际的贸易风险更高,所以改善售后服务和退换货服务是天猫国际要想保持销售量长久增长所必须解决的问题,否则长此以往必定会导致客流量的流失和更多无法预计的问题出现。

(5) 依附于天猫商城

在淘宝网 PC 端首页没有天猫国际的链接,只能通过天猫商城入口才能找到天猫国际,但是像天猫超市、聚划算等就可以直接从淘宝网首页很清晰地看到,可见公司内部对天猫国际态度的摇摆和缺乏信心。天猫国际与天猫商城母子关系的设计初衷应该是为了把天猫商城的客户引流到天猫国际,但根据顾客的点击衰减规律,也同时流失了不少顾客;再者,天猫国际的目标顾客中女性消费者占七成,以 22 岁到 35 岁为主,集中在北上广深杭等一、二线城市,热门消费品类上也以女性和女性为主导的家庭进口消费为主,而天猫商城则是一个非常大众化的经营网站,二者的主要目标顾客群存在差异。

四、课堂计划建议

本案例涉及天猫国际内部整合与外部招商,对于学员来讲是一个比较新的领域,所以在课堂开始前需要学员有基本的知识储备,对此应该针对相关领域进行预习,预习内容包括:

1. 理解什么是海淘和代购,分析天猫国际和淘宝全球购的差异,了解国内外领先的跨境电商进口类网站,分析其特点和商业模式、快速发展的原因以及存在的风险。

2. 了解天猫国际最新的发展路径和政策。

3. 登陆天猫国际网站 https://www.tmall.hk/,浏览在线商品类目并体验在线服务业务,了解交易流程。对比淘宝全球购,分析天猫国际与淘宝全球购的差异。

该案例的教学时间为两个课时,约90分钟。

1. 学员介绍自己预习的内容(10分钟)。

2. 播放腾讯视频、优酷网上天猫国际的相关视频(8分钟)。

3. 教师引导案例阅读(30分钟)。在阅读过程中,可以提一些小问题引导学员思考。

4. 开放式问题(30分钟)。让学员分组讨论案例,假设他们是天猫国际的负责人,面临案例所示的困境时需要进行哪些决策与思考,对公司未来发展有什么设想等。

5. 引导全班进一步讨论,并进行总结归纳(10分钟)。

案例14:"小红书":打造从玩到买的消费闭环

"小红书"是一个年轻生活方式的分享平台,由毛文超和瞿芳创立于2013年。2014年,"小红书"正式上线电商;2015年,App Store 中国区总榜排行第一;2017年,用户突破7 000万,日新增20万用户,成为年轻人都在分享的社区电商平台;2018年,"小红书"完成超过3亿美元财务融资,公司估值超过30亿美金。与其他电商平台不同,"小红书"是从社区起家的。一开始,用户注重于在社区里分享海外购物经验,到后来,除了美妆、个护,"小红书"上出现了关于运动、旅游、家居、旅行、酒店、餐馆的信息分享,触及了消费经验和生活方式的方方面面。如今,社区已经成为"小红书"的壁垒,也是其他平台无法复制的地方。截至2018年10月,"小红书"用户数超过1.5亿,其中"90后"和"95后"是最活跃的用户群体。在"小红书",用户利用短视频、图文等形式记录生活的点滴。

一、"'小红书'不是电商,而是一个游乐场"

在"小红书"创始人瞿芳的眼中,"小红书"不是电商,而是一个游乐场。

"对外的时候,一般我第一句话就是:'小红书'不是电商。因为我们现在每天想的最多的事情,还是如何通过内容去更好地发展用户的规模和忠诚度。虽然电商是我们目前唯一的商业模式,我们确实有一个很大的电商事业部,但是在战略层面,我在内部强调的是,我们的用户不是为了买东西而来的,这是本质逻辑。内容社区是'小红书'的横向底层架构,电商只是一个竖向变现的方式,这两者是无法比较的。"对于外界贴的电商标签,瞿芳并不完全认同。"如果非要贴标签的话,我觉得'小红书'是一个游乐场。大家进这个游乐场是来逛和玩,看到有自己想买的东西就可以买,仅此而已。"

2013年6月成立的"小红书",发展至今已有近7 000万的用户。"今年新增的用户中将近70%都是"95后"的年轻用户,对于他们来说,个性化、好玩、好看甚至是比好用还更重要的维度。'小红书'起家是UGC社区,从平台上发布的内容就可以感知到用户生活和消费习惯的变化,电商业务的扩张逻辑也必须严格遵循这些变化",瞿芳说道。

从去年开始,"小红书"开始根据用户的搜索习惯进行内容的智能分发。经过一年多的调试,从用户下沉和年轻化等角度来看,算法模型效果比较理想。"要提升分发效率就必须实现'千人千面',满足每个用户的个性化内容定制是所有的社区都应该做的事情。"

二、"用户只看不买,那一定是我们做得还不够好"

在线上流量自然增长遭遇瓶颈时,阿里和京东两家电商巨头也都表示要在内容领域大展拳脚。那么,内容电商创业公司是否会被巨头收割? 如何解决用户只在社区里看,却又去淘宝、京东购买的难题?

"其实创业大环境一直如此,垂直电商的流量利用效率很难有综合电商高。'小红书'和阿里、京东最大的区别在于,本身基因就不同。社区和电商在我们内部是两个不同的BU,尽量保持相对隔离,内容不会因为电商而偏离,不做导流,唯一相通的只有用户而非商品。"瞿芳并不认为现在已经到了和阿里以及京东形成近身搏战的时候,"我们的用户增长很快,同时用户的健康度也是我们最看中的,所以说巨头的流量垄断不必担心,但如果说用户只看不买,那一定是我们做得还不够好。理论上,用户进社区看内容到购买,不用跳出去别的 App 进行搜索才是更流畅的体验闭环。正面竞争肯定会到来,所以现阶段提升电商能力已经刻不容缓。"

瞿芳认为"小红书"电商能力的提升可以分为几个方面:

1. 进一步通过内容获取用户。从文字、图文到视频,从 UGC 到 PGC,内容丰富度、个性化是保证用户增长和黏度的基础。

2. 品类的扩充。"小红书"现在的 SKU 只有十几万个,还远未能满足所有用户,品类扩充大体原则是根据用户在平台上发布的高频需求来进行匹配。

3. 平台化的基础建设。为入驻"小红书"的品牌提供更优质便捷的服务。

4. 个性化品牌的引入。"小红书"的跨境比例已经低于 50%,在瞿芳看来,所谓"跨境电商"只是零售发展过程中的一个过渡概念,随着消费升级的深入,国内个性化品牌需要一个精准的平台。但为了保证品质,除了官方旗舰店,"小红书"对于品牌入驻采取"邀请制"。

5. 仓储能力的加强。尤其今年是"小红书"加入"双十一"的第一年,对仓储调度会是一个挑战。

瞿芳表示,"95 后"的线上消费红利还没爆发,而这是"小红书"可以享受到的。至于大热的新零售,瞿芳认为是因为在线上巨头因为市场拓展缓慢需要去线下来继续增加份额,而"小红书"一来没有线下基因,二来还未有增长瓶颈。"我觉得我们这边还有一个大饼都没有吃,没必要非换着去吃油条。"

三、"创业者要敢于打自己的脸"

瞿芳和"小红书"CEO 毛文超都是武汉人,早在 2006 年就已经相识。共同创立"小红书"之后,毛文超负责战略层面,瞿芳则主攻内部的组织管理。

"'小红书'现在有大几百人,我的时间主要花在如何搭建一个好的组织,让大家能在这里各展所长。我会跟各个层面的人聊,关注他们有没有得到成长,自我认知是否更加清晰。"

回忆"小红书"的历程时,瞿芳说道:"创业之初做内容社区,我们完全没有设计过发展路径,没想过变现,也不知道怎么变现,也看不到三五年之后的事情。2015年,出于自身造血能力,我们开始做电商,但是我们没有做过电商,也不知道应该怎么做。所以说创业的每个阶段都会面临未知,想法也会随之改变,这都是很正常的。我和毛文超都属于乐观的人,'小红书'一路走来也比较幸运,没有经历太多曲折,所以我们也没有太多感受到那些所谓创业的痛苦。一路上我们想得最多的还是如何打破和减少自己的盲点。所以我现在尽量避免说一些很绝对的话,说错了就会打自己一巴掌。创业者要敢于打自己的脸。"

创业之前,瞿芳也曾是拿着高薪的外企白领,面对角色的转变,瞿芳很坦然。"打工时按部就班,会身不由己,创业之后虽然更自由,工作与生活却很难平衡,前段时间我每天只睡两三个小时。但是我相信世界是很公平的,在哪里投入了时间就会在哪里得到成长和回报,做任何一件事情最终还是要看自己想得到什么吧。"

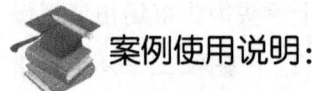 **案例使用说明:**

"小红书":打造从玩到买的消费闭环

一、启发思考题

1. 分析"小红书"闭环经营的成功经验与启示。
2. 阐述社交电商概念与特点。

3. 内容电商如何提升电商的附加值?

二、分析思路

1. 分析"小红书"闭环经营的成功经验与启示。

该题帮助学员理解:"小红书"闭环经营的成功经验与启示。社区的基因特征,让"小红书"完成由内容向电商的高效率转化,"社区+电商"的双轮驱动闭环经营模式使得"小红书"开拓了电商发展的"蓝海"和"长尾"。

2. 阐述社交电商概念与特点。

该题帮助学员理解:社交电商概念与特点。"互联网+"浪潮的到来,推动了社交与电子商务的结合,社交电商以其较强黏性、互动性、精确用户细分与巨大商业潜力以及较低的营销、时间成本迅速发展起来。

3. 内容电商如何提升电商的附加值?

该题帮助学员理解:内容电商如何提升电商的附加值。随着电子商务行业竞争加剧,把单纯地利用互联网销售商品转变为具有更高附加值的内容营销势在必行。

三、理论依据和分析

1. 分析"小红书"闭环经营的成功经验与启示。

(1) 依托社区结构化数据,引领新零售智能进程

消费 3.0 时代以来,供给始终大于需求,物质丰富促使了商品服务的竞争。如今进入消费 4.0 时代,用户需要呈现长尾趋势,不只是购买国外商品,也是在找真的"好"东西,消费则更加注重个性化、情感化和社交化。2016 年下半年起,"小红书"实现了"千人千面",这种"产品"+"技术"结构化组合充分满足了"小红书"的业务需求,这种大数据平台不仅可以帮助用户更容易"逛",也成为"小红书"跨境直采选品的重要依据。

"购物场景数据化""用户画像立体化""数据维度丰富化"和"用户服务持久化"是新零售时代的特征。"小红书"则从成立时就具备新零售的"基

因"特征和优势,一定程度上引领了新零售时代的发展,"按需设计、定量生产、零周转、零库存、零资金"的运营模式正逐步变为现实。

(2) 明确品牌定位,做好新零售时代精准社群营销

初创时期,"小红书"的目标用户是大中城市的年轻时尚女性,她们的收入水平较高,消费意愿以及对高品质生活的追求比较强烈,正是抓住了目标群体的这一生活"痛点","小红书"瞄准的是海外中高档女性商品,成功切入精准细分市场。在企业发展的过程中,出于企业自身的造血功能,"小红书"完成了从内容到电商的转化,但其核心依然是其购物心得分享社区。笔记内容和标签体系一直是"小红书"平台产品挑选的数据基础,这种从用户自身出发的商品筛选模式更容易击中用户的需求痛点。

目前,中国零售业的发展进入新零售时代,线上线下多种业态融合是主流趋势,消费主流群体也发生了变化,情感消费和标签消费成为消费旺点。2017年,"小红书"的新增用户中,近70%的用户是"95后",用户群体也向二、三线城市拓展。根据这一流量池新变化,"小红书"在引入个性化品牌的同时,还积极打造自有品牌,充分利用圈层和社群文化占领新零售时代的情感消费和标签消费的市场领域。

(3) 注重内容,打造"社交+品质"的闭环护城河

随着新消费升级的到来,用户正在从炫耀性的消费向体验式消费升级,主流电商平台纷纷进入"内容"领域。阿里启动零售全生态布局,京东依托零售基础设施资源布局无界零售,国美打造"社交+品质"零售模式升级国民生活场景,小米打造家庭场景体验自营店等。但"社交""社区""兴趣导购"等元素是目前大体量综合性平台的短板。众所周知,国际贸易中的信任度问题是单纯国际电商的痛点,而"小红书"出身社区内容,电商是在社区互助交流分享的前提下转化而成的,基于这种基因,"小红书"通过基于"用户需要"的数据提升,发现"好商品"和"有趣的生活方式"这一内容黏性,获得了不少用户,实现了商业闭环。

在打通社区与电商后,"小红书"仍然很重视社区,并始终把社区放在首

位,因为用户需要发现好商品以及有趣的生活方式,社交平台作为这种讯息发布的载体,自然就形成了"小红书"的商业壁垒。

(4) 借助数据贯穿,提升产业链上下游动态协作,开拓业务布局

传统意义的跨境电商是从发达国家进口商品到国内,但现在很多好的制造业往东南亚等地区转移,如泰国彩妆的销路和市场也非常红火,很多国内的个性化品牌也很受年轻人欢迎。"小红书"平台中跨境商品的销售额比例已经低于50%,越来越多的本土小品牌正在平台崛起。这主要是基于目前"小红书"流量池的变化,其消费新增主体近70%的用户是"95后",他们对产品功能的需求,不仅需要"痛点",更需要"连接感"。此外,"小红书"开始参与附加值更高区块的业务布局,创建自有品牌。

2. 阐述社交电商概念与特点。

(1) 社交电商概念

在当前以互联网为依托进行社交活动日趋普遍,在很多互联网用户日常生活中,微博、微信社交成为其不可或缺的组成部分。具体来说,就是借助微博、微信等网络社交平台对商品内容进行传播分享,引导用户对商品购买或消费的行为。从消费者视角看,社交电商与其购物行为息息相关主要体现在购物前对店铺和产品进行选择、购物中实现与卖家交流互动和购物后消费者形成的消费评价及购物分享。从电子商务企业视角看,在电子商务活动中对社交网络进行运用,主要目的在于加强与用户沟通交流,促进产品更加顺利地推广和销售。从社交网络媒体视角来看,其对电子商务开展营销,主要目的在于通过推广、销售电子商务企业产品获得相应的广告利润。

社交电商的分类主要有三种:社交内容电商,典型代表有"小红书"、蘑菇街、抖音等;社交零售电商,典型代表有云集微店、洋葱OMALL等;社交分享电商,典型代表有拼多多、淘宝特价版、京东拼购等。

(2) 社交电商特点

一是黏性大、互动强。相对于单纯性电子商务,社交电商具有鲜明的社

交性质。买卖双方处于商业行为中时本质上具有利益对立性,较难在消费过程中建立信任关系,而社交电商则可借助其社交性质,提升买卖双方信任感。社交电商所利用的是人们在社交生活中更偏向于信任熟人购物评价惯性,可对用户族群进行精准定位,并通过社交群内口碑,提高用户认可与忠诚度,从而使商品获得更高转化率与更高复购率。在收入不断提升的今天,除生活必需品外,消费者开始越来越多地对自己喜欢的商品进行购买,很多商品并非单纯地为满足消费者某项刚性需求,是一种能够提高消费者生活品质的存在,消费者对该类产品的选购,并不具备定期性,往往购买于生活闲暇空隙,通过社交平台注意到这些商品后,才会产生购买欲望进而发生购买行为。

二是用户细分精确。社交网站是面向用户而建的,用户通常都会拥有自身群组,可在不同讨论组中对信息与感想进行发布,通过社交网站群组划分,商家即可轻易地接触到大量用户层,对用户兴趣、爱好和习惯等信息有所了解,进而可制定更精确的营销计划。社交电商的互动性,与传统电商推行的单项搜索相比,可有效地指导消费者对个性化非标性商品进行购买,在电商转化率上远远超出传统电商。社交电商平台本身在电商转化率上可达到6%~10%转化率,尤其社交平台上的顶级网红在电商转化率上可达到20%,而传统电商转化率却不超过1%。

三是商业潜力巨大。在社交网络上,汇集了大量真实人群,丰富的人脉资源给社交电商发展带来了巨大商业潜力。社交网站中,用户都有或多或少的好友及粉丝,他们在互联网中都是潜在的消费群体。这些用户除了对网络购物全程进行参与,还可能对各自购物体验进行发布和分享,从而担当其网络"导购员",在社交电商中不自觉地为其他潜在消费者解答"买什么"以及"在哪买"等问题,对那些尚未形成明确消费需求的用户产生激发作用,激发其消费需求,提高社交电商转化率。

四是营销、时间成本低。我国电商巨头存在明显的"中心化"特点,大量消费者与商品被汇聚在电商巨头掌握中。从网购市场来看,仅阿里所占份额即达到78%;从网络购物端来看,仅移动购物市场所占份额即达到82%。这些电商巨头往往通过竞价排名及主页展示位等方式对商家较大额度营销费用进行赚取,这些成本大部分最终需要消费者加以承担,且商品繁杂的搜索类目等又会导致消费者购物时间成本增加。社交电商则可对多个流量入口进行开创,每个入口可以与特性消费场景对应,并匹配相应消费群体,实现精准营销,降低消费者消费时间成本;与此同时,这种"去中心化"模式还能降低电商营销成本。

3. 内容电商如何提升电商的附加值?

(1) 内容电商下购物行为与购买行为分离更有利于激发购买欲望

内容电商与传统电商相比,消费者的购物行为和购买行为出现了大规模的分离。在一般的消费情形中,消费者的购物行为和购买行为通常是会一起发生的,也就是说消费者往往是出于购物的欲望或者逛街行为才会选择发生实际购买行为;而在内容电商环境下,消费者往往最初没有购买的目的,而是在休闲娱乐时悠闲地浏览公众号的推送,或是阅读微博自媒体的文章,又或是视频直播中产生了购买的欲望,让购买行为单独发生。例如,当消费者在一篇推送文章中看到一个懒人慢炖锅的推荐,只要把食材预先处理放进锅里烹饪,完全不用看管,到时间就可以取出食物吃,既简单又方便。这个懒人慢炖锅带来的感觉很好,而且价格适中,则更有可能引发购买行为。而如果消费者没看到这篇推送,进入淘宝搜"懒人慢炖锅",搜索结果琳琅满目,消费者需要在不同价位、品牌、销量、好评之中进行选择,消费者会开始在意价格,并重新思考买这个锅到底会不会真的有用,到底值不值得买,最后甚至可能放弃购买。

(2) 内容电商与传统电商相比更适合销售新奇商品

在传统电商中,消费者通常是出于实际的消费需求,以"购物"的心态进行购买,如在淘宝、京东购物时,消费者心中经常装着某个潜在的任务——购买到称心如意的商品,如漂亮实惠的衣服、进口牛奶等,往往会根据自身需要进行主动搜寻,对可能会购买的产品信息更加敏感,更加关心直接与购买需求相关的信息,对无关信息不那么敏感,比如当消费者想要购买一款家常使用的水杯时,则会对大量不同的水杯进行实用性、材质、价格等方面的比较,而不会去选择那些观赏性极高、具有特殊功能的水杯。而在内容电商环境中,消费者有可能会因为网红视频直播或者某个微信公众号的内容推送,突然看到某个产品信息,被动接受了相关产品的内容及宣传,甚至引起消费者的极大兴趣。比如美食公众号推荐了新型智能的烤箱,有些消费者即使不需要烤箱或者已经拥有烤箱,但看到推荐之后,也会受到公众号的鼓动去购买所谓的新型智能烤箱。因此,在内容电商环境下,更容易通过设计感、悠久历史、情怀、故事等卖出那些有趣、新奇、高端、享乐型产品。

(3) 内容电商让消费者更容易找产品亮点

内容电商环境下,虽然由于内容篇幅容量等限制,产品往往相对比较单一,会使消费者更加容易找亮点,因为在看内容的时候,消费者没有存在筛选心理,往往专注于内容,这时候往往会对商品的优点更加关注,比较容易注意到产品的亮点和独特之处。而在传统交易型电商中,消费者头脑中往往会因为一直萦绕着购物的相关决策任务,消费者更倾向于选购那些完美无缺的产品,因此交易型电商更容易激活消费者的挑刺心理。比如华为P9手机在京东商城销售时,让需要选购手机的消费者产生的第一直觉是国货,吸引力有限;而在内容平台上,由于没有激活"挑刺心理",消费者则会更多地注意到华为P9莱卡双摄像头的亮点,更容易被吸引,从而获得消费者的认可。

(4) 内容电商让消费者更容易接受复杂的决策信息

在传统的交易型电商中,消费者往往为了购物而进行购买,因此在进行商品信息浏览时消费者心中一直在做着消费决策的任务,导致消费者存在较高的认知闭合需求以不断地寻找可以真正实施购买行为的线索。比如,想要购买一辆自行车,大部分人还是会选择常规普通的传统自行车,而通常不会去选择心动的另类自行车,这时候消费者具有高度的认知闭合需求,认知会迅速"闭合",出于安全性、可靠性等多种因素往往会选择传统的自行车,而不去选择新型另类的自行车——这时消费者所思考的内容往往是"这么单薄会不会不安全?看看评论……""优势是能折叠,但会不会容易坏"。但是消费者通过内容电商可以更多地被动接受信息,"认知闭合需求"大大降低,在内容电商中就能接受相对复杂的信息,如产品繁多的功能、复杂的设计等都更容易被接受。

四、课堂计划建议

本案例涉及的"小红书"、社交电商、内容电商对于学员来讲是一个比较新的领域,所以在课堂开始前需要学员有基本的知识储备,对此应该针对相关领域进行预习,预习内容包括:

1. 理解什么是社交电商和内容电商,"小红书"的商业模式和渠道,了解"小红书"在社交电商领域做了哪些创新并分析其特点。

2. 了解、比较国内其他社交电商网站。

3. 登陆"小红书"网站 https://www.xiaohongshu.com/或"小红书"App,浏览"小红书"上相关社区内容,并查看内容下的笔记评论,分析"小红书"是如何通过内容打造交易闭环的。

该案例的教学时间为两个课时,约 90 分钟。

1. 学员介绍自己预习的内容(10 分钟)。

2. 播放腾讯视频、优酷网上有关"小红书"主题的视频(8 分钟)。

3. 教师引导案例阅读(30 分钟)。在阅读过程中,可以提一些小问题引导学员思考。

4. 开放式问题(30 分钟)。让学员分组讨论案例,假设他们是"小红书"的 CEO,面对如何打造"小红书"交易闭环这样的问题时需要进行哪些决策与思考,对公司未来发展有什么设想等。

5. 引导全班进一步讨论,并进行总结归纳(10 分钟)。

案例15：中国跨境电商领域的 ZARA——SHEIN

SHEIN（南京领添信息技术有限公司）是中国最大的跨境互联网快时尚公司。公司以快时尚女装为业务主体，主要面对欧美、中东等消费市场，是专注于女性快时尚的跨境B2C互联网企业。公司成立于2008年7月，业务覆盖全球224个国家和地区，业务额年增长率稳定保持在100%以上。目前，公司设有美国、比利时、迪拜、南京、广州、深圳等多个分支机构，全球员工有3 000余人。2017年SHEIN与阿里、华为等国内知名企业共同跻身Facebook全球最具知名度中国品牌50强。2016年，公司业务额突破10亿级，2017年超过40亿级，2018年继续保持翻倍增长。在投融资方面，公司凭借高速的发展先后收购竞争对手美国MMC和中国Romwe，2015年获得IDG领投的超3亿人民币B轮融资。

一、供应链：日上新200款，七天出货

2008年SHEIN还叫Sheinside，主营婚纱这个跨境电商领域的起家行业。经营了近三年之后，创始人许仰天决定放弃这片"同质低价"竞争的"红海"，转而瞄准北美的快时尚女装市场。转型之后，前端的设计要变，后端供应链也要变，原先制作婚纱的供应链必须进化成一条能够跟上快时尚生产

速度的柔性供应链。

跟大多数着手开始做时尚服饰的商家类似,起初SHEIN也会在服装批发市场中挑选中意的款式,卖得好的款再委托工厂补货。但是批发了一段时间的货,团队便发现,国内工厂反应太慢,并且款式以爆款为主,完全跟不上国外的潮流,要做快时尚电商,光靠服装市场的货是远远不够的。有了这段经历,SHEIN移动总经理裴旸认为:"行业里最简单的方式就是拿货和卖货,但这不叫供应链,叫批发商;当有个款式卖得比较好的时候,商家会找工厂下大货,这是比拿货更进一步的方式,但这也算不上供应链。"

于是,SHEIN开始布局一条能够快速打版、制作、生产的柔性供应链,同时雇用了一大批外包工厂。据SHEIN移动总经理裴旸介绍,目前SHEIN拥有一支800人的柔性供应链团队,在国内的同行中能排到第三。这条供应链拥有强大的服装设计和生产能力,每天能产生200个新款,最快7天能出货。尽管在体量上,SHEIN还远远不能跟Zara相比,但在日上新数量和出货速度上,SHEIN已经超越了Zara。

除此之外,这条供应链还能够处理刺绣、印刷、水洗等较为复杂的工艺。裴旸表示:"很多人都说中国的服装制造业已经失去优势,生意都被东南亚抢走了,我不这么看。SHEIN不走优衣库的路线,不做简单的款式,我们的衣服从设计到上架一共要经过13个流程,基本上要经过4~6家工厂,这种衣服是东南亚的工厂做不了的。"

复杂的流程也意味着存在各工厂起定量不统一的问题,比如刺绣要20件起做,布料要10 000件起做。遇到这种问题,SHEIN会平衡自有供应链和外包工厂的能力,外包承接不了的部分,SHEIN会安排自己的工厂生产。这也是现在SHEIN主要的生产分配方式,能够最大限度地利用自有和周边工厂的生产能力,跟上快速变化的潮流。

不过,SHEIN移动总经理裴旸也坦言,现在SHEIN的供应链能力跟Zara比还差得很远,在选款、生产质量管控上还有很大的差距。下一步,SHEIN计划建立自己的尺码体系,以便适应不同国家、不同身材的消费者。

二、营销：没有一个企业靠发传单发到上市

从卖家到快时尚品牌，SHEIN认为必须经过四个阶段：首先，要有足够的时尚度，不是跟风卖爆款；其次，质量、布料、缝纫、版型都很重要；第三，是把产品的展示做得更好看；最后，外部展示和产品本身调性一致了，才能称之为品牌。

不同于线下起家的Zara，SHEIN没有实体店，也暂时没有往线下发展的计划。不过，利用线上渠道做营销、推品牌，SHEIN却有天然的优势。早在2011年，SHEIN就开始利用网红在社交网站上做推广，为站点引流。当时，SHEIN站内几乎100%的流量都来自网红推荐，ROI高达1∶3。不过，当网红时代的红利逐渐从顶峰滑落，流量和效率双双下跌，SHEIN便减少了这方面的投入。裴旸以一位拥有170万粉丝的Youtube网红举例，六年前她的合作费用只要30美元，今年已经飙升至5万美元，投入产出比大不如从前。

因此，SHEIN开始尝试新的广告营销方式。裴旸透露，SHEIN在尝试在自己的网站和App上做直播。SHEIN也在关注Snapchat等欧美流行的社交软件，研究怎么跟产品结合起来做营销。除了在外部渠道斥重金打造品牌，在SHEIN的官网上，还潜藏着一批堪比时尚杂志内页的买家秀，这些买家秀可以为站点带来大量的点击。电商在线发现，SHEIN单独在网站上开辟了一个"买家秀"专栏，每周由用户自主投票评选出前50名优胜者，并送上能作为抵扣用的1 000个积分，而这种站内的日常互动活动于也提高了复购率。

网络营销之外，SHEIN也开始尝试投放诸如电视广告、Youtube首屏等比较传统的广告方式。裴旸认为，当营业额达到一定数字时，传统广告的成本其实要比社交网站更低。同时，SHEIN希望把营销更多地跟品牌挂钩，而非销量。

案例 15：中国跨境电商领域的 ZARA——SHEIN

"以前营销的目的主要是引流，基本上依靠打折来吸引消费者。现在的宣传片会侧重生活方式，虽然费用很贵，美国 Youtube 首屏广告可能要 70 万美金一天，但是对品牌来说效果是不错的。"裴旸表示，"我觉得，Facebook、google 的 SEO 像拉皮条、发传单，但是没有一个企业是靠发传单发到上市的，广告方式必须要从细而小转变成大而全，可口可乐不可能靠谷歌单次转化做生意。"

2016 年 7 月，SHEIN 宣布完成了超过 3 亿元的 B 轮融资，从另一个侧面证实了资本对其未来的想象空间。随着越来越多的跨境电商品牌开始借助中国强大的供应链优势进入欧美市场，Zara 的快时尚王者地位还能保持多久？

 **案例使用说明：**

环球易购，普惠全球

一、启发思考题

1. SHEIN 如何建立可持续时尚商业模式？
2. 如何通过社交媒体实施品牌内容营销？
3. 消费者通过社交媒体与品牌沟通的动机和需求是什么？

二、分析思路

1. SHEIN 如何建立可持续时尚商业模式？

该题帮助学员理解：SHEIN 如何建立可持续时尚商业模式。关于商业模式的概念解释多样且存在差异，但价值创造作为商业模式的根本目的和核心功能得到了普遍认同。分析、复盘企业如何建立可持续时尚商业模式。

2. 如何通过社交媒体实施品牌内容营销？

该题帮助学员理解：如何通过社交媒体实施品牌内容营销。社交媒体有望提升沟通效率，降低信息的不对称性。随着社交媒体的崛起，品牌获得了灵活运营自媒体（owned media）的机会，从而多少瓦解了品牌运营与媒体管理之间的界限。

3. 消费者通过社交媒体与品牌沟通的动机和需求是什么？

该题帮助学员理解：消费者通过社交媒体与品牌沟通的动机和需求是什么。

三、理论依据和分析

1. SHEIN 如何建立可持续时尚商业模式？

（1）产品层面

每个商业模式的核心要素是其价值主张，包括 5 个环节：价值创造、价值购买、价值使用、价值更新和价值转移。对于消费者而言，服装的价值通常源自消费或使用的体验；而 SHEIN 的价值主张在于价值创造和延长价值使用，从而为顾客带来新的感受。

（2）顾客层面

① 拓展顾客群，使顾客成为价值创造的一部分。将时尚和可持续相结合，因其独特的价值主张，SHEIN 既要向现有的市场提供可持续价值，也要引导新的客户进行可持续消费。

② 借助分销渠道拓展销售。在可持续商业模式中，社会价值和生态价值是核心，但经济价值是前提。SHEIN 除了官网外，还在 Amazon、Aliexpress 等平台上进行分销。

③ 消费者教育与沟通。企业应将可持续理念转变为一种生活方式，以此来传递公司的价值观。SHEIN 通过情感互动提升消费者意识，维护客户关系。

(3) 基础管理

① 可持续供应链管理。SHEIN 的挑战在于供应链而非市场层面,如果没有出色的线上渠道基础,运营将会非常困难。

② 核心能力。组织的核心能力表现为策略管理、组织的学习能力以及创新管理。可持续时尚需要公司对可持续方向及远景形成战略规划,保持开放和不断创新。

③ 合作伙伴。进入可持续时尚领域需要良好的合作伙伴关系、知识与资源共享以建立稳定的渠道。SHEIN 和上下游企业建立了良好的合作关系。

(4) 财务层面

① 收入模式。如何使企业从实现社会效益中获取经济价值是当前可持续商业模式设计或创新的关键。SHEIN 通过新老顾客的不断重复购买形成主要的收入模式。

② 成本结构。可持续属性融入现代时尚带来了较高的成本。SHEIN 的分销及推广成本得到了良好的控制,因此,品牌总体处于稳中有升的经营状态。

2. 如何通过社交媒体实施品牌内容营销?

社交媒体有望提升沟通效率,降低信息的不对称性。随着社交媒体的崛起,品牌获得了灵活运营自媒体(owned media)的机会,从而多少瓦解了品牌运营与媒体管理之间的界限。如今,很多品牌开始在其社交媒体主页经营原本由其他传统媒体提供的娱乐、信息以及社交等多种内容。Baetzgen 等不仅将品牌自办的社交媒体定义为自媒体,而且推出了品牌自媒体类别模型,指出品牌沟通的方式方法已不再局限于广告、品牌植入、软文、赞助等,内容营销已被广泛应用于社交媒体。利用社交媒体提供的参与高度互动的便利,企业和品牌可以收到消费者和粉丝的实时反馈和建议,了解他们对于特定产品或品牌的态度和观点。

目前,众多学者与企业在频繁使用"内容营销"这一概念,学术界却尚未就此定义的内涵和外延达成一致意见。虽然不同文献对内容营销的界定尚不相同,但基于各篇文献所达成的共识以及研究发展的方向,本项研究拟采用内容营销学会(Content Marketing Institute)的定义:内容营销是聚焦于创造和传播有价值、相关且连续的内容,从而吸引并留住定义清晰的受众,最终能够盈利的一种策略性营销手段。与其他定义相比,该定义不但强调内容应该有价值且相关,还应该有连续性。连续性是内容营销的一个关键特点;在长期的渐进过程中,连续的内容递增有助于受众积累品牌知识,并强化印象。尤其在信息不对称现象大幅减少的互联网时代,针对特定受众持续提供令人信服的内容,充分利用碎片时间为他们提供真正有价值的信息,是吸引和留住客户的一个先决条件。这些内容主要可以分为三个类型:其一是传递产品以及企业的相关信息等消费者欲获知的,并且不以直接销售为目的的软广告;其二是与品牌相关的娱乐性信息;其三是其他热点信息。而在企业进行内容营销的同时,消费者也通过包括浏览、关注、评论和分享等各种在线行为提供内容(usergenerated content),为企业的内容营销作出贡献。

基于消费者在日常生活中通过互联网与品牌之间的互动体验,Joachimsthaler 等率先提出了社交货币(social currency)的概念,指出社交货币代表了消费者与品牌之间共享的资产。为探索消费者与品牌的网络互动性能否与传统品牌资产测量相整合,学者将社交货币定义为消费者在社交生活中分享和传播品牌相关信息的程度,与品牌价值息息相关。在此基础上,Berger 总结事物流行的原则时发现,很多品牌或者创业者利用讲故事的方式,创造社交货币,从而获得关注度。为了使品牌成为人们的谈资,有吸引力的内容至关重要。社交货币的铸造者通过分享和自由表达也能体验自我奖励,实现自我满足。人们在社交媒体上选择分享的原因有很多:第一是因为内容有价值,值得分享;第二是希望展示自我形象,引起关注;第三是因自我表达能力和知识面的局限性,想借他人之口表达自己的观点。社交货币之所以能够广泛流通,主要因为内容具有令人惊讶、引人关注,并愿意进行验证的特性,最后人们通过分享获得自我满足。在此过程中,品牌所有者作为社交货币的主要铸币者之一,除了必须实现品牌差异化外,还需要设定有梯度的消费群体权利和地位奖励,使消费者获得满足感,鼓励他们参与产品制造与销售,产生归属感,主动宣传分享。

评价品牌"社交货币"水平的元素分别为:社区归属(affiliation),即品牌消费者中觉得有社区感的人数占比;谈论声量(conversation),即品牌消费者中发起品牌相关的热烈讨论的人数占比;实用价值(utility),即认为自己从与其他消费者的互动中获得了实用价值的品牌消费者占比;品牌拥戴(advocacy),即给予品牌无条件支持的品牌追随者占比;信息交流(information),即认为自己在与其他消费者交流有效信息的品牌消费者占比;身份认同(identity),即认为自己与其他消费者有身份认同感的品牌消费者占比。

可见,社交货币与基于社交媒体的品牌内容营销策略息息相关,因而可被视为基于社交媒体品牌资产的衡量指标。但是,现有研究缺乏对品牌社交媒体内容营销体系的梳理和整合。国内一些学者采用不同的视角和方法,对品牌微博营销如何吸引粉丝互动以及效果评估进行了探索,聚焦于名人效应和内容的生动性、有用性、互动性、有趣性等品牌微博沟通效果的影响因素。此类涉及社交媒体内容营销的研究主要针对微博平台,且并未从广告学、传播学的视角揭示内容因素是如何影响粉丝互动,以及造成差异性效果的内在机制。总之,迄今关于企业利用微信进行内容营销的研究相对滞后,且处于初级阶段。

3. 消费者通过社交媒体与品牌沟通的动机和需求是什么?

美国学者Katz最早在1959年开展了有关"使用与满足"的研究,随后Katz等指出人们与大众媒体的接触行为是"'社会因素+心理因素'——媒介期待——媒介接触——需求满足"的连锁过程,总结了"使用与满足"过程的基本模式。UGT范式有三方面的基本原则:首先是消费者会主动寻找能够满足个体需要的媒体;其次是消费者对于沟通的选择是有目的的;最后是消费者对他们自己选择媒体的动机是有意识的。以上三方面的原则符合微信用户与品牌互动的实际情况。

近年来，随着社交媒体和电子商务的发展，UGT理论被越来越多地应用于互联网技术、软件服务以及手机等领域的研究中。基于UGT理论，海外学者发现人们使用互联网的五类动机，即社交、打发时间、找寻信息、高效便捷以及娱乐，但是不同学者强调的重点不同。具体来看，UGT的研究将媒体受众的动机分为四类，即消遣（逃离现实或者休闲娱乐）、社交工具、个人身份（增强态度、信用以及价值），以及信息追踪（包括了解个人所在的社群以及事件等）。目前，应用UGT于社交媒体的研究主要聚焦于Facebook平台，而利用该理论分析微信用户与公众号互动的动机和需求，从而探索品牌的微信内容营销策略的研究还较少。